GENJIN刑事弁護シリーズ24

刑事弁護人のための
科学的証拠入門

科学的証拠に関する刑事弁護研究会[編]

現代人文社

はじめに

　刑事裁判では「科学的証拠の果たす役割が大きくなっている」といわれる（司法研修所編「科学的証拠とこれを用いた裁判の在り方」〔法曹会、2013年〕）。
　そして、実際の刑事裁判において「科学的証拠」が全く用いられない事件などありえない。例えば、事件現場で実況見分が行われれば、間違いなくDNA型を解析するための微物や指紋・足跡等が採取され、科捜研や科警研等の職員が鑑定を実施する。被害者が死亡している事件であれば法医学者が、交通事犯であれば自動車工学の専門家等が、それぞれの専門分野における「科学的知見」を用いた鑑定書等を作成し、それらが裁判の証拠となる。近年は、画像やデジタルデータの解析技術を活用した捜査手法も日常的に用いられるようになっている。
　最高裁は、（かつて科捜研や科警研が主に用いていた鑑定手法であるMCT118型の）DNA型鑑定の証拠能力に関する判断として「科学的原理が理論的正確性を有し、具体的な実施の方法も、その技術を習得した者により、科学的に信頼される方法で行われたと認められること」（最決平12・7・17刑集54巻6号550頁）を考慮するべきであるとの判断を示した。そうである以上、刑事裁判において、弁護人を含む訴訟関係人は、科学的原理の理論的正確性や具体的な方法の科学的信頼性を理解する基本的な能力を有している必要がある。
　一方で、多くの法律家は、医学や化学あるいは物理学等の専門的な知識を十分身に付ける機会の無いまま、裁判官や検察官や弁護士になったのではなかろうか。そのために、「科学的証拠」について、その重要性を見落としてしまうあるいは必要以上にその価値を高く評価してあたかも「争いようがない証拠」であると錯覚してしまう、そんなことはないだろうか。
　本書は、そのような問題意識から企画・編集されたものである。そして、『刑事弁護人のための科学的証拠入門』というタイトルには、本書のコン

セプトが表されている。

それは、以下の2点である。

1 「入門」書であること

　世の中には、医学や化学あるいは物理学の知識を正確にまとめた文献や専門書が多数あり、それらの文献等を入手することもそれほど困難ではない。しかし、実際に、多くの法律家にとっては、それらの文献を予備知識もない状態で読み進めること自体が、相応に負担の大きい作業となってしまうと思われる。弁護士の本音をいえば、教科書や分厚い専門書を一から読むことなく、刑事裁判（さらに言えば自分がこれから行う弁護活動）に必要な範囲の基本的知識を身に付けたいというのが正直なところではないだろうか。そこで、本書は、できるだけ平易な内容かつコンパクトな分量の「入門」書となるよう心がけた。「入門」といっても、医学や科学あるいは物理学の専門分野の研究を進めていくための「入門」ではない。あくまでも、法律家として、科学的証拠を用いた刑事裁判に携わるための「入門」書である。従って、各専門分野における基本的概念や科学的原理を網羅しているものにはなっていない。具体的には、刑事事件の捜査や裁判で用いられることが多い5つの典型的な分野（捜査手法：「法医学」「交通事故」「DNA型」「指紋・足跡等」「薬物・毒物」）に限定して、かつ、各分野に関する重要な証拠（鑑定書等）を理解するために必要な知識や科学的原理のみを意図的に抜粋して、整理したものである。

　従って、本書の利用方法としては、法律家が、科学的証拠が問題となる事件を受任した際に、詳細な専門書等のリサーチに進む前の段階で、最低限必要な知識を整理するために活用してもらうことを想定している。もちろん、新人や若手弁護士が、特定の事件を受任する前に「読み物」として通読していただくことで、実際の事件で鑑定書などを目にした場合

にそれらの理解を格段に容易にするものになることも期待している。

2 「刑事弁護人のため」に作られたものであること

　本書の最大の特徴は、「刑事弁護人のため」に作られたということである。実務上、この国の刑事裁判では、「科学的証拠」の多くは、検察官から請求されることが圧倒的に多い。従って、弁護人の立場からは、科学的証拠について、その信用性を弾劾できる余地がないのかという視点で検討しなければならないことがほとんどである。本書においても、各分野における鑑定書等の証拠について、弁護人の立場から、いかに争っていくべきかかという視点で検討することに特に力をいれている。

　一方で、科学的証拠は、本来、弁護側にとっても反証や積極的な立証の方法となり得るものである。そこで、本書では、当事者鑑定に関する章を設け、その活用方法を紹介している。また、実際に当事者鑑定を活用して素晴らしい成果を挙げた弁護人へのインタビューを実施した。

　そして、裁判員裁判を中心とする現代の刑事裁判においては、専門家証人についての尋問を行う技術やプレゼンテーション能力が不可欠である。本書では、科学的証拠に関する専門家証人の主尋問及び反対尋問を行うためのポイントを、具体的なケース事例における尋問例を交えながら紹介することとした。

　本書の執筆・編集を担当したのは、若手から中堅と呼ばれる世代の弁護士で、特に刑事弁護を日常的に多数取り扱っている者ばかりである。読者と共に、この国の刑事裁判において、「科学的証拠」が真の意味で活用され、被疑者・被告人の権利・利益を保障するものとなることを願っている。

目次

はじめに 2

第1部　分野別基礎知識

第1章　法医学鑑定　10
- I　法医学鑑定の概要 …………………………………… 10
  はじめに ／ 死体と解剖の種類 ／ 司法解剖から鑑定書作成・尋問までの流れ
- II　鑑定書の読み方 ……………………………………… 20
  鑑定書の形式 ／ 鑑定の信用性を検討するポイント ／ 弁護側から当事者鑑定を依頼する場合の注意点
- III　法医学の基礎知識 …………………………………… 25
  死因の種類 ／ 損傷の鑑定 ／ 死後経過時間の推定（いわゆる死亡推定時刻）
- IV　どこまで鑑定により推定できるのか……………… 41

　　　コラム①　科学的証拠の「信頼性」を検討する基本的な視点　42

第2章　交通事故鑑定　45
- I　交通事故に関連する鑑定の概要 …………………… 45
- II　交通事故鑑定（工学鑑定）について ……………… 46
  交通事故鑑定の実施主体 ／ 交通事故鑑定の鑑定事項 ／ 交通事故鑑定の鑑定書 ／ 交通事故鑑定のポイント
- III　交通事故鑑定を争うポイント ……………………… 57
  鑑定の主たる根拠 ／ 争うポイント ／ 争う根拠となる証拠 ／ 弁護人として持つべき視点と弁護活動

　　　コラム②　防犯カメラ動画からの速度解析　68

第3章　DNA型鑑定　70

- I　DNA型鑑定の基礎知識………………………………………70
  DNA型の異同識別方法　／　DNA型鑑定の特徴
- II　鑑定書等の見方………………………………………………73
  はじめに　／　鑑定書の記載内容・着目点　／　エレクトロフェログラムの見方　／　鑑定書の問題点
- III　証拠開示………………………………………………………81
  証拠開示請求の対象　／　証拠開示請求書の記載例
- IV　DNA型鑑定を検討するためのポイント…………………83
  はじめに　／　対象資料の問題　／　採取・保管の過程の問題　／　エレクトロフェログラムから見られる問題事例　／　鑑定資料の全量消費　／　ミトコンドリアDNA型鑑定の問題
- V　おわりに………………………………………………………91
  DNA型鑑定結果から認められる事実とは　／　証拠構造を分析する必要性

　　　　　　　コラム③　DNA型はみんな違う!?　93

第4章　指紋・足跡等鑑定　94

- I　指紋鑑定………………………………………………………94
  指紋の特性と刑事手続における利用　／　指紋採取・検出方法の概要　／　指紋に関する捜査の流れと作成される証拠　／　指紋鑑定の検討
- II　足跡鑑定……………………………………………………109
  足跡の特性と刑事手続における利用　／　足跡採取・検出方法の概要　／　足跡に関する捜査の流れと作成される証拠　／　足跡に関する鑑定書を検討するポイント　／　足跡鑑定を争う具体的なポイント
- III　個人の識別等に関するその他の鑑定……………………114
  個人の識別等に関するその他の鑑定手法及び近年の動向　／　注意点

　　　　　　　コラム④　水と空気と布以外からは何でも採れる？　117

第5章　薬物・毒物鑑定　118

- I　違法薬物の種類とその解説 …………………………… 118
  - 覚せい剤 ／ 麻薬 ／ 大麻 ／ 危険ドラッグ
- II　毒物の種類とその解説 ………………………………… 121
  - アルコール ／ 睡眠薬 ／ 過去の刑事事件で使用された主な毒物 ／ よく使われる薬物毒性に関する用語
- III　薬物鑑定の方法 ………………………………………… 126
  - 尿鑑定 ／ 毛髪鑑定 ／ 結晶または粉末の鑑定
- IV　分析機器及び試験の種類 ……………………………… 128
  - 薄層クロマトグラフィー ／ 赤外線吸収スペクトル ／ ガスクロマトグラフ質量分析装置 ／ 液体クロマトグラフ質量分析装置 ／ 分析機器で注意すべきポイント
- V　弁護活動の注意点 ……………………………………… 132
  - 覚せい剤の摂取時期 ／ 医薬品を服薬した場合 ／ 副流煙を吸引した場合 ／ 覚せい剤乱用者と性行為をした場合

　　　　　コラム⑤　科学の名のもとに……？　136

第2部　立証活動の実践

第6章　当事者鑑定　138

- I　当事者鑑定とは ………………………………………… 138
- II　当事者鑑定を選択する考慮要素 ……………………… 138
- III　当事者鑑定を実施するには …………………………… 139
  - 専門家の探し方 ／ 当事者鑑定依頼手続の一般的な流れ ／ 当事者鑑定の費用 ／ 鑑定書等の作成・証人出廷における留意点
- IV　当事者鑑定を裁判で用いるときの留意点 …………… 142
  - 証拠提出の方法 ／ 事前開示の方法 ／ 科学的証拠に対する法的規制 ／ 取調べ方法とその工夫
- V　今後の当事者鑑定における課題 ……………………… 149

コラム⑥　当事者鑑定の実際　150

第7章　尋問　155
 I　専門家証人の尋問 ……………………………………… 155
  専門家証人・証言の特徴　／　準備
 II　主尋問 ……………………………………………………… 157
  主尋問の構成　／　尋問例
 III　反対尋問 ………………………………………………… 160
  事前準備　／　尋問の技法

  コラム⑦　DVD「警察におけるDNA型鑑定」の問題点　172

第3部　科学的証拠を活用した弁護人に聞く

第8章　インタビュー　DNA型再鑑定を求め逆転無罪となった事例　174
 事案の概要　／　事件受任の経緯　／　一審の争点　／　一審でのDNA型鑑定について　／　控訴審でのDNA型鑑定について　／　一審の鑑定の問題点　／　控訴審の検察側鑑定の問題点　／　判決を受けての実感　／　読者へのメッセージ

第9章　インタビュー　掌紋鑑定を活用して公訴取消となった事例　190
 事案の概要　／　自己紹介　／　受任当初　／　専門家に相談した経緯　／　当事者鑑定の進め方　／　鑑定結果の活用　／　公訴取消へ　／　おわりに

第10章　インタビュー　燃焼再現実験を活用して再審無罪となった事例（東住吉事件）　206
 事案の概要　／　確定審の証拠構造　／　検察側の実験　／　弁護側再現実験の必要性　／　専門家の探し方　／　上告審段階での旧小山町実験　／　再審請求段階での実験　／　弁護団を実験へと駆り立てたもの

分野別基礎知識

第1章
法医学鑑定

I 法医学鑑定の概要

1 はじめに

　法医学鑑定とは、法医学▼1に関する専門的知識・経験に基づいて法医学の専門家が行う鑑定のことである。
　したがって、この定義からも明らかなように、法医学鑑定には、血痕・血液型の鑑定やDNA型の鑑定等、実に様々なものが含まれる。
　しかし、刑事事件において目にする法医鑑定の多くは、死体の司法解剖を実施し死因等を鑑定するものであろう。そして、この死体解剖の鑑定では、血液型の検査、主要臓器の組織学的検査、胃内容物の検査及び薬物・アルコール検査等の諸検査が実施されるのが一般的である。
　そこで、初めに死体と解剖の種類について簡単に整理をしておく。

2 死体と解剖の種類

　死体には大きく分けて「自然死体」と「異状死体」の2種類がある（医師法21条、日本法医学会「異状死ガイドライン」日本法医学雑誌48巻5号〔1994年〕357頁参照）。
　「自然死体」は、死に至る経過から死因が疾病によるものと診断できるものである。死因は明らかであるが、死亡時の体内の状態を克明に把握したい場合には病理解剖▼2を実施する。この病理解剖は病理医が実施する。

1　1982年の日本法医学会教育委員会報告によれば「医学的解明助言を必要とする法律上の案件、事項について、科学的で公正な医学的判断を下すことによって、個人の基本的人権の擁護、社会の安全、福祉の維持に寄与することを目的とする医学である」と定義されている。
2　病院などで死亡した死体について、病変を明らかにして診断や検査結果との矛盾の有無や進行状態を調べる解剖で、大学の病理学教室や病院の病理部で行われる。遺族の承諾が必

他方、「自然死体」以外の死体は全て「異状死体」であり、解剖なくして死因を疾病と確信できないものを指す。他殺、自殺、事故以外にも、病死が疑われるが死に至る経過が不明瞭なもの、入院加療中であったが予期せず死に至ったものも含まれる。「異状死体」の解剖には承諾解剖、行政解剖、新法解剖[3]（権限解剖と呼ぶ場合もある）、司法解剖があるが、いずれの解剖も法医学者が実施する。

図版1-1：死体

異状死体	自然死体（病死）		病理解剖	病理学
	非犯罪死体	突然死、病死だが経過不詳	承諾解剖 行政解剖	法医学
		明らかな事故、自殺、災害死		
	変死体	不詳の死	新法解剖	
	犯罪死体	他殺、他過失事故	司法解剖	

3　司法解剖から鑑定書作成・尋問までの流れ

(1)　鑑定の嘱託

　司法解剖には、検察官、検察事務官又は司法警察職員の嘱託（刑訴法223条）・裁判官の許可（刑訴法225条）のもとで行われる解剖、裁判所の命令・許可（刑訴法165・168条）のもとで行われる解剖が含まれるが、現実には、司法警察職員の嘱託を受けた医師が裁判官の鑑定処分許可状に基づいて行うものが大半を占めている。

　司法警察職員が鑑定の嘱託を行うに当たっては、鑑定嘱託書が作成され、そこには、以下の事項が記載される（犯罪捜査規範188条1項）。

　　要である（田中宣幸『学生のための法医学〔改訂6版〕』〔南山堂、2006年〕11頁）。
3　2013年4月より「警察等が取り扱う死体の死因又は身元の調査等に関する法律」が施行され、遺族の承諾なしに警察署長が職権でできるようになった解剖。

【鑑定嘱託書の項目】
　一　事件名
　二　鑑定資料の名称及び個数
　三　鑑定事項
　四　当該鑑定に参考となるべき次に掲げる事項
　　イ　犯罪の年月日時
　　ロ　犯罪の場所
　　ハ　被害者の住居、氏名、年齢及び性別
　　ニ　被疑者の住居、氏名、年齢及び性別
　　ホ　鑑定資料の採取年月日及び採取時の状態
　　ヘ　事件内容の概要その他参考事項

　また、「鑑定のため必要があるときは、鑑定人に書類及び証拠物を閲覧若しくは謄写させ、被疑者その他関係者の取調べに立ち会わせ、又はこれらの者に対し質問をさせることができる」とされている（犯罪捜査規範191条）。
　しかし、捜査機関の不適切な情報提供によって鑑定が歪曲化される危険もある。
　そこで、犯罪捜査規範は、鑑定嘱託書に参考事項（犯罪捜査規範188条1項4号）を記載するに当たっては、「鑑定人に予断又は偏見を生ぜしめないため当該鑑定に必要な範囲にとどめることに注意するとともに、その他鑑定嘱託書中に鑑定人に予断又は偏見を生ぜしめるような事項を記載してはならない」とし、このことは「当該事件について口頭で必要な説明を加える場合」であっても同じであるとする（犯罪捜査規範188条2項）。
　もっとも、捜査機関の不適切な情報提供は、過剰な情報提供や証明力判断に慎重を期す必要のある情報の提供等に限られない。つまり、提供する情報の不十分さもまた不適切な情報提供として鑑定の歪曲化を招く一因となる。
　実際にも、鑑定受託者の中には、解剖前の状況把握が極めて重要であるにもかかわらず、事前の情報が必ずしも十分ではないと感じている者

が少なくないようである。

　すなわち、鑑定受託者が解剖の実施前に捜査機関から提供される主な情報は、①正式な鑑定の嘱託に先立って行われる打診の際に検視官から伝えられる大まかな事件の概要、②解剖直前に捜査機関から渡される捜査資料、③解剖実施の直前に行われる警察官との打合せの中で伝えられる捜査情報等であるが、②の捜査資料は、死体検案通報書、調査書、現場写真、カルテ等の限られた捜査資料であると言われる。また、③の打合せも、時間にしてせいぜい20分程度のもののようである。

法医学者の目──解剖前打合せの重要性

　執刀者は解剖前の打合せの段階で死因を推定している。このとき候補となる死因が複数挙げられることも多い。推定される死因によって記録すべき所見、行うべき検査、保存すべき試料も変わってくるし、場合によっては解剖の手順も変わってくる。そのため、解剖前の打合せは解剖の質に決定的な意義を持っている。警察官から提示された資料に不足がある場合、追加で提示を依頼することも多いが、この場合、不足している資料は解剖には間に合わないため、後日確認することとなる。また生前の加療歴が長い遺体の場合、長期間（場合によっては数十年）にわたる診療録のコピーを渡されることもあるが、これら全てに目を通してから解剖を実施することは実務上困難である。したがって、その要点を要領よく把握し解剖に活かす能力が法医学者に求められるが、本来的には事前に診療録を十分吟味する時間が確保されるべきである。

---

(2) 解剖等の実施

ア　実施方法等

　解剖には、通常、検視官1名の他、所轄警察署員が複数名立ち会う。東京都では検視官以外に5名程度が立ち会うことが多い。検視官は、鑑定受託者に対する補足的な説明や所轄警察署員の指導を行い、解剖後はその結果を警視庁・警察本部や検察庁に報告している。なお、重大な事件

では、検察官の他、警視庁本部捜査一課員や鑑識課員等が立ち会うこともあるが、これも地域によってばらつきがある。

　解剖の方法は、実施される機関によって区々のようである。例えば、都内のある大学の法医学教室では、執刀者1名、書記1名、解剖補助1名を基本単位として、実施されている。しかし地方の大学などでは人員不足から、執刀者が一人で行っている場合もあるという。

　解剖の所要時間は、鑑定受託者によって個人差はあるものの、概ね3～4時間程度である。もっとも、多発外傷等では解剖が6時間以上にも及ぶことがある。

イ　解剖の流れ
　(ア)　外表所見をまとめる

　まずは執刀者が外側から見た死体の特徴、すなわち、あらゆる損傷、死体現象、身体各部位の特徴を観察し所見を述べる（書記がいる場合は書記が記録し、書記がいない場合には、執刀者が自ら記入する方法と録音する方法とがある）。また、全体像を把握した上で、推定される死因、死後経過時間、死亡時の状態（姿勢や環境等）、損傷の状態について整合性を検討する。整合しない場合、あるいは一応整合はしているが何らかの違和感が残る場合には、別の可能性もあるため解剖所見に従って検討を重ねる。

> **法医学者の目——事前情報は"話半分"に**
>
> 　捜査機関から事前にもたらされた情報が誤っている場合もあるため、事前情報はあくまで"話半分"程度に聞いておくようにしている。実際、自己転倒の情報で解剖を始めたが、損傷の部位や性状から暴行死と考えられ、捜査の結果、暴行が明らかとなったケースもある。法医学者はあくまで解剖所見に忠実な鑑定をしなければならない。

　外表所見は大きく正常所見と損傷所見に分かれる。正常所見は当該死体の外表上の特徴を全般に網羅するものであり、採るべき所見の項目は共通である。体格、栄養状態、皮膚の状態、角膜乾燥度、鼻腔内・口腔

内所見、死体硬直の程度、直腸温などの所見を採る。法医解剖に付される死体は多かれ少なかれ腐敗の影響を受けているが、死体の置かれた状況、季節、持病などにより腐敗性変化の速度は異なる。これらの条件と解剖時の外表所見から逆算して死亡時刻の推定を行う。また事前に持病の情報がなくとも外表所見から疾患が推定される場合もあり、内臓を調べる際に重要な手がかりとなる。

　一方、損傷所見は体表に認められる損傷のみに着目した所見である。損傷の性状は成傷器の特性や損傷を生じる過程を示唆することが多く、裁判においても争点になりやすいため詳細に所見を採る必要がある。損傷は死因に直接的に関与していることもあれば、間接的に関与している、あるいは全く関与していないこともある。例えば顔面の殴打によって転倒し頭部を打撲した場合、顔面の損傷は暴行によるものであるが、頭部の損傷は転倒によるものであり、関連はあるが区別されなければならない。また死亡直前には救命措置を受けていることが多く、救急救命士による胸部圧迫手技は一般人のそれよりも強く実施される傾向にあるため、前胸部に赤褐色皮膚変色を生じ、左右肋骨に骨折を生じることが少なくない。これらも損傷所見ではあるが、先に挙げたような損傷と区別しなければならない。

　基本的に損傷は死に関連するもの、関連しないもの、医療行為によるものの3つに分けて考える必要がある。こうしたことから、外表所見の中でも損傷所見は特に時間をかけてその性状を十分に抽出する必要がある。

> **法医学者の目──情報量は多いほうがいいのだが……**
>
> 　解剖時にはなかった暴行等の情報が後から追加されることもあり、解剖時により詳しく損傷を観察するべきであったというようなことがないよう、鑑定書だけで性状を説明できるに足る十分な所見を解剖時に採らなければならない。損傷所見は詳しければ詳しいほど良い……というのは当然であるが、実際には詳しいと場合によっては執刀者が窮地に追い込まれることがある。情報が多いということは突っ込みどころが多いということでもあるため、裁判で争点化しやすいからである。情報が少なければ争点にもなりにくいため法医学者としては気が楽という矛盾した現実がある。だからといって意図的に情報量を制限する法医学者がいるとは信じたくない。

　(ｲ)　内景所見をまとめる

　開胸、開腹、開頭を行い（四肢については必要に応じて行う）、臓器の状態を執刀者が述べる。また、解剖時には、血液、尿、胸水、腹水、胃内容物、髄液、各臓器等、必要なものを必要なだけ採取・保存する。その後、切開した部分を縫合して、死体を元の状態に戻した上で解剖を終了する。

　具体的には、開検はまず皮膚を剥離するところから始まる。表皮に損傷がある場合は、その下の皮下組織、筋肉組織、脂肪組織における挫滅（打撲）や出血の状態を所見として採り、写真に収める。心臓血は左心血と右心血に分け、色調、流動性、凝血塊の有無などを確認し、必要量を採取・保存する。尿は薬物定性検査を行うのに重要であるので必ず採取する。胃内容物は、食物残渣（食べ物のかす）の種類、消化の程度を調べ、十二指腸以下のどこまで達しているかを観察する。薬毒物検査にも使用するので必要に応じて試料として保存する。各臓器の性状、病変、損傷について所見を述べる。特に損傷がある場合は体表の損傷との関連性や加わった外力の機序などについて検討しながら詳細に観察を行う。

> **法医学者の目──「開けてみないと分からない」**
>
> 　法医解剖ではよく「開けてみないと分からない」という言い方をする。外表所見がいかに派手であろうとも、それが真に死因と関係があるかは内景所見によって決まる。例えば外表上、打撲痕が多数あり皮下に出血が派手にあったとしても、肝臓、腎臓などの血液量が十分にある場合は出血性ショック死とは言えない。外表所見と内景所見は一体のものであり、所見が指し示す状態は全体として整合していなければならない。

　㈢　解剖結果の説明

　解剖終了後、鑑定受託者は所見をまとめて警察官に対し解剖結果を説明する。もっとも、解剖直後には種々の検査結果が出揃っていないので、ここでの説明はあくまで解剖終了段階の仮のものとして行われる。したがって、その後、種々の検査結果が出揃った時点で当初の見解が変わる可能性はある。そのため、単に意見が変わっているからといって、それ自体が不合理であるかのような指摘は的を射た指摘とはいえない。

　㈣　鑑定書の作成

　鑑定受託者は、解剖後、病理検査、薬毒物検査、DNA検査等の諸検査を行った上で、鑑定書の作成に取り掛かる。また、持病や外傷による入院歴、治療歴がある場合はカルテの詳細な分析も行われる。鑑定書の作成期間中に捜査機関から新たな情報提供がなされることも少なくないようである。

> **法医学者の目――鑑定書作成にかかる時間**
>
> 　鑑定書の完成には2カ月程度の時間がかかる。時間がかかる原因の1つに脳の病理組織学的検査がある。脳の切片を作り顕微鏡で観察するためには、解剖時に摘出した脳を丸々ホルマリン液に漬けて腐敗しないように硬く固定する必要がある。ホルマリンが脳全体に行き渡るのに最低1カ月はかかる。
>
> 　ただし、鑑定書の作成速度は個人差が非常に大きい。近時は、捜査段階で供述調書のみが作成され、鑑定書の作成は起訴から数カ月後、時には半年以上も後というケースも少なくない。中には捜査が充分に行われるまであえて鑑定書を発行しない"後出しジャンケン"的な法医学者もいるという。

　なお、鑑定の経過・結果の報告方法として、刑訴法上、鑑定書の作成が義務付けられているわけではない。しかし、その内容が専門的なものであることに鑑み、犯罪捜査規範は、原則として、「鑑定人から、鑑定の日時、場所、経過及び結果を関係者に容易に理解できるよう簡潔平明に記載した鑑定書の提出を求めるようにしなければならない」と定めている（犯罪捜査規範192条1項）。実際も、殆どのケースで鑑定書が作成されている。

　(オ)　裁判の準備・出廷

　検察官と鑑定受託者（執刀者）との間で打合せをする時期は区々のようであるが、打合せでは、鑑定書の内容の確認、供述調書の作成、公判出廷の際の打合せ等が行われる。このとき、鑑定受託者は、検察官から新たな捜査情報の提供を受け、結論の合理性を再検討する。

　このような打合せは、公判出廷までに数回（合計数時間）行われているようである。

法医学者の目——検察官・弁護士からの接触

　法医学が大きな争点となった事案では検察官から医学的な見解について、直接的に相談されることが多い。供述調書の下書きは検察官が行い、鑑定受託者が加筆修正して完成させる。

　もっとも、検察官からの問合せに対する応対は法医学者によってかなり温度差がある。裁判員裁判となった事例であっても、検察官からの問合せに一切応対せず、検察官の職務遂行に大変な混乱をもたらしたケースも散見される。第三者の法医学者が鑑定受託者に替わり鑑定書をもとに鑑定内容について回答するために公判に出廷するという本来あってはならないことが実際にも起きている。

　一方、弁護人から鑑定受託者に対して接触があることは少ない。中立性・公平性を旨とする法医学者にとって"検察サイド"とみられることは忌避すべきこととの認識が一般的であるから、検察官への対応同様に弁護人に対しても十分な説明がなされるべきである。したがって、弁護人は積極的に鑑定受託者に接触を試みるべきである。

II 鑑定書の読み方

1 鑑定書の形式

　鑑定書の一般的な記載事項・順序等は以下のとおりである（もっとも、書式や記載に関するガイドライン等が存在するわけではない。そのため、一般的な書式と異なっているからといって、それ自体が不合理であるかのような指摘も的を射ない指摘となる）。

　【鑑定書の一般的な記載事項・順序】
　　第一章　諸言
　　第二章　解剖検査記録
　　・外表所見（外表検査）：解剖に先立って実施される死体の外傷、硬直状況、体温、身体部位の特徴・変化の観察の結果が記載される。
　　・内部所見（内景検査）：胸腹部中央を切開して、腹腔、胸腔、臓器、骨の状態を観察（損傷検査）。
　　・諸検査所見：血液型検査、薬毒物検査（薬物スクリーニング検査、エタノール検査・アルコール検査）、病理組織学的検査（組織学的検査）。
　　第三章　説明
　　第四章　鑑定

　なお、どのような検査をするかについては、警察からの依頼事項がテンプレート化されているので、それに沿って実施されることが多い。例えば、血液型や薬毒物の検査は、多くの事件で実施されるが、病理組織学的検査となると、事件の内容、さらには解剖を実施する機関によって、検査の有無・内容にバラつきがあるといわれる。

> **法医学の鑑定書の書式ってどうなってるの？**
>
> 　近時、責任能力の分野に関しては、裁判員裁判に向けて分かりやすい鑑定書の記載例が発表されたりしているが、法医学分野に関しては、そのような動きはなく、統一の基準もない。
> 　鑑定書の書き方については、大学や病院、医師の流派ともいうべきものがあり、それに従うという慣習がある。
> 　そのため、所属する病院が変われば、書式も変わるということもある。鑑定書を読む際には、たとえば、「A病院の鑑定書には○○が書かれているのに、B病院の鑑定書には○○が書かれていない」という場面で、それがどういう意味を持つのかに留意しなければならない。
> 　記載がないということが、それだけで鑑定が十分になされていないということにはつながらない。
> 　A病院は、特に鑑定上意味がなくとも、慣習として記載をしているだけという可能性がある。
> 　あるいは、記録上は残しているものの、鑑定書に記載がないだけ、ということもある。
> 　尋問で、「○○について書かれていませんね」などと指摘したとしても、「それは意味がありません」「記録はあります」などという反論をされるだけであれば効果的な尋問とはならない。
> 　鑑定書の記載の有無がどのような意味を持つのかについては、鑑定人に確認するという選択肢も含め、慎重に検討しなければならない。

2　鑑定の信用性を検討するポイント

(1)　総論

　鑑定書を検討する際の一般的な注意点については、本書の総論を参考にされたい。ここでは、法医学に関する鑑定書を念頭に主な注意点を挙げることとする。

(2) 検討事項

ア　作成経過に問題はないか

　解剖開始・終了時間、鑑定書の作成時期（捜査の進捗状況、特に自白の時期との関係）、執刀者・補助者は誰かを検討する。例えば、鑑定書の作成は執刀者以外にはほぼ不可能であると言われる。したがって、鑑定書の作成者が実際の執刀者であるか否かは、鑑定書の証拠価値にも影響を及ぼし得る。

法医学者の目——鑑定受託者と執刀者が異なる場合

　鑑定受託者と執刀者が異なる場合もあるが、その場合、鑑定受託者は執刀者の指導的立場で、鑑定書を作成するために行うべき検査や種々の所見の評価に対する助言、あるいは鑑定書の内容における整合性のチェックなどの役割を果たしていることが多い。これは豊富な執刀経験に照らし合わせて、個別の事案において必要不可欠なポイントを網羅する点で重要な役割を果たしているとも言えるが、遺体の印象を含め、執刀者以上の直接的な情報を持っているわけではない。したがって法医学サイドの意見を形成するにあたっては実際の執刀者に意見を聞かばならない。

イ　通常行われる検査が十分なされているか

　血液型や薬毒物の検査が多くの事件で実施される一方で、病理組織学的検査については、実施の有無・程度にバラつきがあることは前記のとおりである。

　ある検査が実施されていないことそれ自体が常に鑑定書の問題に直結するわけではないが、所見の少ない鑑定書では、結論の根拠がその分薄くなっている可能性があるので、やはり検査の有無・程度には十分な注意を払う必要があろう。

　例えば、鑑定書上根拠が明らかでなく、結論だけが書いているようなケースでは、何が根拠になっているのかを執刀者に問い合わせる必要が

ある。もし執刀者の対応が不十分である場合は他の法医学者に意見を求めるべきである。

ウ　所見が正確に記述されているか
　例えば、鑑定書の本文所見欄に「左右眉毛の内部及び周囲には蚕刺大から粟粒大の点状表皮剥脱が多数集簇する（集まっていること）」と記述されている場合にも、それを鵜呑みにするのではなく、創傷の位置・大きさ・数等が果たして正確に記述されているかを写真と照らし合わせながら検証することが重要である。

エ　所見に基づく推定が合理的か
　例えば、①性質の異なる複数の創傷があるにもかかわらず、その一部の創傷を取り出して凶器の推定を行っているような場合、②索状痕（縄などでしめられたあと）が2つあるとはいえ、それが首にひも様のものを2重に巻いて1回絞めた結果である可能性があるにもかかわらず、特に理由もなくその可能性を排斥している場合等、所見に基づく推定に合理性があるのかを慎重に吟味する必要がある。

オ　鑑定結果がそれまでの所見・推定事項を正しく反映したものか
　例えば、鑑定書の所見欄では出血に関する所見が続いていたにもかかわらず、死因の説明・意見の欄では窒息死との結論が導かれているような場合、所見と結論との整合性に一種の「違和感」を感じることになるであろう（多量の上部消化管出血を来した後に吐血し、気道内吸引したような場合は死因が窒息死ということはあり得るが、その場合であっても出血性ショック死か窒息死かは慎重に検討する必要がある）。
　なお、鑑定書では、「○○であると推定される」、「○○である可能性が高い」、「○○と考えても矛盾しない」等、様々な表現や言葉を目にする（証言の場合も同様である）。しかも、それぞれの意味が裁判の結論を左右することも決して少なくない。ところが、実際には、「推定＝○％以上」、「可能性が高い＝○％～○％」、「矛盾しない＝○％～○％」等とそれぞれの意

味が定義されているわけではなく、表現や言葉の使い方も人によって区々であると言われる。例えば、Ａ医師は、ある結論について、できる限り可能性の程度で表現しようとするが、同じ心証であっても確定的ではないことから、Ｂ医師はあくまで「不詳」と表現することもある。したがって、鑑定書の表現・言葉の意味・内実を確認するためにも、鑑定人・鑑定受託者との面談は必須である。

　カ　他の証拠との照合
　鑑定書の記述の正確性を検証する上で鑑定書添付の写真との照合が重要であることは言うまでもないが、照合する証拠は何も添付資料に限らない。実際、捜査の過程では、実況見分調書、検証調書、死体検案書、解剖立会報告書、解剖結果聴取報告書、検視調書及び検視結果報告書、解剖時の写真データ・メモ等、実に様々な証拠が作成・収集される。したがって、このような証拠については、必ず開示を求めるべきである。

3　弁護側から当事者鑑定を依頼する場合の注意点

　法医学の鑑定内容を争うにあたって、別の医師に意見を聞くこともある。その際には、その医師がどのような経験を持つかに注意しなければならない。なぜなら、法医学を専門とする医師と、臨床を専門とする医師とでは、同じ症状を見ても、見立てが違うことが間々あるからである。
　すなわち、臨床医は個別の事案においても比較的断定的な見解を提示する傾向にあるが、法医学者は幅を持たせて様々な可能性を提示することが多い。臨床医にとって臨床経験は適切な診療のために何よりも重要なものであるため、裁判事例における証言も個人の経験に依拠した意見を提示する傾向が強いと言われる。その一方で、法医学者は専門家としての意見が法的な重みを持つこと、また、安易な発言が冤罪につながることを恐れるため、経験豊富な者であっても経験のみに依らず学術的な考察を加えて意見する傾向がある。したがって、それぞれの見解が異なったとしても、いずれか一方が誤っていると簡単に片付けるわけにはいか

ない。多角的かつ総合的に検討して意見を集約していく必要がある。

III 法医学の基礎知識

1 死因の種類

　死因には大きく分けて「内因死」(病死)と「外因死」(内因死以外全て。損傷、窒息、異常温度による外因死、その他)の2種類がある。この死因の種類と死体の種類(自然死体、異状死体。11頁参照)の関係性については注意が必要である。内因死であっても全てが自然死体とは限らない。内因死と考えられる場合でも、死に至る過程が不詳な場合は異状死体として扱われる。
　また一見すると外因死のように見えるが、内因死として扱うべきものとして脳血管障害による寝たきり患者の窒息がある。脳梗塞等の脳血管障害の後遺症として嚥下機能(食べること、飲み込むこと)の低下があり、しばしば誤嚥性肺炎を生じる。最終的には肺炎の悪化や気道内分泌液の貯留で死亡することが多いが、後者の場合、直接死因は窒息となる。しかし原死因は脳梗塞であるので、死因はあくまで内因死である。
　しかし似たような場合であっても、直接死因がゼリーの誤嚥による窒息であれば、死因は外因死となる。原死因は食物誤嚥による窒息となり、脳梗塞後遺症としての嚥下障害は間接的な関与との位置づけになる。このように死因の種類はあくまで原死因で判断すべきものであり直接死因ではない。たとえば、主治医が発行した死亡診断書の死因欄に「窒息死」と記載されていたことで遺族が外因死を考え、医療事故を疑って問題化にする、というケースがあるが、上記の点に関する誤解から生じることがある。

4　嚥下機能障害のため唾液や食べ物、あるいは胃液などと一緒に細菌を気道に誤って吸引することにより発症する肺炎(日本呼吸器学会ウェブサイト参照)。本来、気道内に痰が溜まった場合や、誤嚥により異物が入った場合、咳により異物を出そうとするが、嚥下障害がある場合等には、咳が自力でできなくなったり、口腔内に溜まった唾液を飲めなくなったりすることがある。それにより、少量の痰や水分等であっても、窒息や呼吸困難につながることがある。

2　損傷の鑑定

図版1-2　創傷の種類

成傷器	創傷	定義	凶器の例	区別・特徴
鋭器[5]	切創	刀器あるいはそれに類する鋭利な辺縁を、人体表面に押しあてて、刃の長軸方向に引いてあるいは押してできた創	ナイフ、小刀、包丁、剃刀、ガラスの破片	創口によって見分ける 刺創：傷の開き方が狭く、凶器と傷の形状がほぼ一致 切創：皮膚の分裂線の方向に傷が開くと狭いが、交わる方向だと広く広がる
鋭器[5]	刺創	先端の尖った刺器をその長軸の方向に刺入してできた創	錐、針、アイスピック、ナイフ、包丁、短刀、刀など	
鋭器[5]	割創	刀器で人体が打撃され、刀器で強く打ち込まれてできた創	斧、出刃包丁、なた	
鈍器[6]	表皮剥脱	鈍体が皮膚面に作用して、上皮組織が一部あるいは全層にわたり剥離した状態	手掌、手拳、頭、高所から水面に落下した場合の水、爆発の際に発生したガス、木片、石塊など	表皮剥脱は、法医学上、外力の作用点を示す、外力の作用方向を示す、成傷物体を推定・同定する、成傷器の作用状況を推定するのに参考となるため、重要な意味をもつ
鈍器[6]	皮下出血	人体表面に鈍体が作用して、皮下の血管が破れて皮下軟部組織内に出血した状態		皮下出血が死斑の内にあると見逃されることがある一方、皮下脂肪が少ない部分では筋肉の色調が表れ皮下出血を見間違うことがある
鈍器[6]	挫創	鈍体が強く作用して皮膚、皮下組織が挫滅してできた創		創縁は不規則、不整
鈍器[6]	裂創	間接的外力作用により、皮膚が弾力性の限界を越えて過度に伸展し、離断してできた創		創縁・創壁（創面）とも整鋭
鈍器[6]	デコルマン	皮膚が接線方向に強く牽引され、皮膚および皮下組織が下層から剥離した状態	交通事故などに特有	
鈍器[6]	咬傷	歯牙が成傷器となり、咬合力でできた損傷	歯牙	咬む力が弱い場合は表皮剥脱だけのこともあり、強ければ挫創・挫裂創を形成する
銃器	銃創、射創		銃	損傷の性状は、発射された弾丸の種類、弾丸のもつエネルギーによって左右される

（髙取健彦監修『NEWエッセンシャル法医学〔第5版〕』〔医歯薬出版、2012年〕61頁以下を参考に作成）

5　刃あるいはこれに類する鋭い辺縁をもった器物。
6　表面が平坦・鈍円・鈍稜・鈍端を有する物体すべて。

⑴ 創傷の種類

「損傷」とは、組織の正常な連絡が断たれた状態をいう。損傷には、皮下に傷口のあるものと、ないものがあり、前者が「創」、後者は「傷」の文字が使われ、両者を合わせたものを「創傷」という（塩野寛ほか『身近な法医学〔改訂3版〕』〔南山堂、2008年〕50頁）。

⑵ 創傷の部位・名称

図版1-3：人体の部位（頭部）

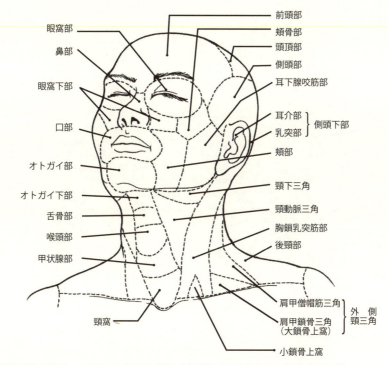

（高津光洋『検死ハンドブック〔改訂3版〕』〔南山堂、2016年〕90頁を参考に作成）

図版1-4：人体の部位（全身）

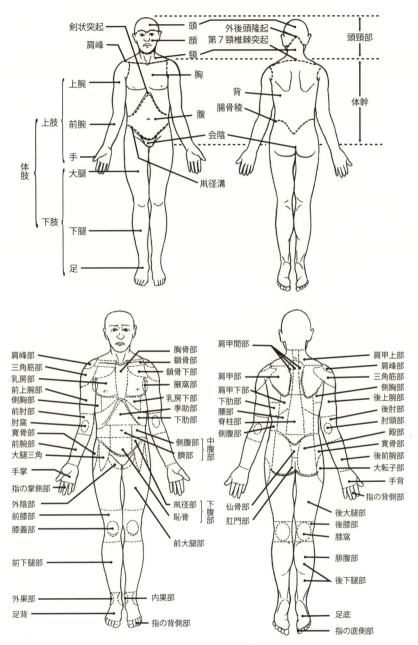

（高津光洋『検死ハンドブック〔改訂3版〕』〔南山堂、2016年〕91頁）を参考に作成

図版1-5：創傷の名称①

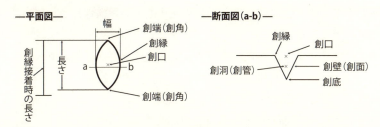

(高津光洋『検死ハンドブック〔改訂3版〕』〔南山堂、2016年〕88頁を参考に作成)

図版1-6：創傷の名称②

創口	皮膚表面に皮膚の連続性を失って哆開[7]された部分
創縁	皮膚に哆開した創を形成する周縁部分で用途を診断する基本的なもの
創端 (創角)	哆開した創を形成している創縁が接合する部分で、用器が皮膚にはじめに接触した部分と離脱した部分
創壁(創面)	皮膚に哆開した創口を形成している皮下の各組織の創の部分で、相対する二面がある
創底	哆開する両側の創面(創壁)が合わさる底辺部分
創洞(創管)	哆開された皮膚表面から創の底部に至る間に形成した空洞部分

(高取健彦監修『NEWエッセンシャル法医学〔第5版〕』〔医歯薬出版、2012年〕63頁を参考に作成)

(3) 鑑定により推定できること

ア 複数の傷がある場合における受傷時期の推定
　(ア) 死体に受傷時期の異なる複数の損傷が存在する場合には、それぞれの受傷時期がいつ頃かが問題になることがある。たとえば、慢性アルコール中毒患者で日常的に転倒を繰り返している者が、喧嘩によって暴行を加えられて死亡した場合、外表には新旧混在した打撲痕が多数認め

7　傷が開くこと。

られる。そのため暴行時に生起したものとそれ以前のものとを鑑別する必要がある。その上で暴行による打撲と死因との関係性について検証されなければならない。

まず、死体にあったとされる傷が、生前できたのか、死後できたものかは、「生活反応」[8]の有無によって判断される。すなわち、「生活反応」があればその傷は生前にできたと考えられる。

生活反応には、図版1-7のようなものがある。

図版1-7：生活反応の例

全身性のもの	血液循環に関するもの	大量出血による諸臓器の貧血（大血管破綻時に、血液循環があると、臓器が貧血状態になる）
		脂肪塞栓、血栓塞栓（形成時に血液循環があったことを示す）
		臓器・組織への薬物毒の分布
	呼吸に関わるもの	焼死体における気道内への煤（すす）の吸引（火災時に呼吸が合ったことを示す）
		溺死体における気道内の白色泡沫の存在
		新生児における肺・消化管への空気の吸引
局所的なもの		損傷周囲の出血・血液凝固（出血した血液の凝固）
		紅斑（生前焼死を示す）・浮腫
		痂皮形成（かさぶた）
		肉芽形成（治療しようとしたことによる）
		創口の哆開（皮膚、筋肉の収縮により創口が開く）

（髙取健彦監修『NEWエッセンシャル法医学〔第5版〕』〔医歯薬出版、2012年〕9頁、塩野寛ほか『身近な法医学〔改訂3版〕』〔南山堂、2008年〕96頁、田中宣幸『学生のための法医学〔改訂6版〕』〔南山堂、2006年〕11頁参照）

たとえば、出血は重要なポイントになる。生存した状態で外力によって血管が損傷すると、血液は心臓のポンプ機能によって周囲の組織内に浸潤し凝固する。死後に発生した傷の場合、心臓による血液の圧出がないため、損傷部の周囲に血液は広がらない。また原則として凝固も起きない。したがって血管内から血液が押し出されて血腫[9]を形成している場

---

8 外部から作用した異常刺激に対する生体の変化が、死後も死体に形態的変化として認識されるもの。

合は出血と解釈して良い。これを死後の血液漏出と混同してはならない。死後であっても血管損傷により血管内に溜まっていた血液が少量漏れ出すことはよくある。これは血液の「漏出」と表現され、法医学では「出血」とは区別している。「出血」という単語そのものが心臓が機能している状態を指す。死後に漏出した血液は凝固せず、容易に拭い去ることができるため比較的容易に鑑別できる。それと同様に死後に、損傷していない血管からヘモグロビン（血色素）が周囲の組織に滲み出すことがある。これは「血色素浸潤」と呼ばれるもので死後変化である。

9　血腫の代表的なものには以下のようなものがある。
　(1)　皮下出血：皮下の小血管が傷つけられて皮下組織内に出血を来たすが、その出血が大きく血腫となる場合がある。
　(2)　デコルマン：交通事故などに特有な損傷で、車輪が体を通過するとき、その牽引力と摩擦により皮下組織と筋膜の接合が分離する。このデコルマンの空隙に多量の血液（又は組織液）がたまり、血腫が生じる。
　(3)　頭蓋内出血：出血場所により以下のように区別されるが、いずれも形成された血腫により脳圧迫の症状がおこり、頭痛、嘔吐、麻痺、昏睡そして死に至る。
　①硬膜外血腫：硬膜外側面の血管が破れ、頭蓋骨内面に接した擬血塊を形成したもの。
　②硬膜下血腫：硬膜とクモ膜との間の出血で、硬膜血管、クモ膜血管、架橋静脈が破れて出血がおこる。凝血は広く拡がる傾向が強い。
　③クモ膜下出血：クモ膜と軟膜の間のクモ膜下腔へ出血するもので、脳表面の血管が破れておこる。

図版1－8：頭蓋内出血

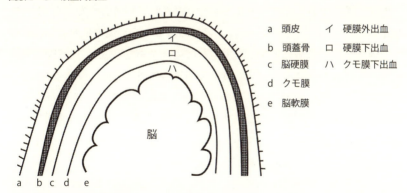

（日本弁護士連合会人権擁護委員会『刑事精神鑑定の手引き〔改訂版〕』〔日本弁護士連合会、1995年〕25頁を参考に作成）

また、表皮の剥脱がある場合、それが生前にできたものであれば、受傷後、時間の経過とともに、いわゆるかさぶた（痂皮）が形成される。それに対し、死後にできたものであれば、かさぶたはできない。死後の表皮剥脱でも剥脱部は乾燥によって黄変し硬くなるが、この変化はかさぶたではない。

　なお、死後に血液は重力に従って体内で沈下する。仰臥位（ぎょうがい）（仰向けに寝た状態）のままであれば背面に、立位（縊頚（いっけい））▼10であれば前腕と下腿に血液が貯留する。これによって血液貯留部位は紫褐色を呈する。これを「死斑」という。時に死斑に皮下出血が混在していることがあり、判別が難しいことがある。皮膚を切開し、まとまりのある血液塊と共に凝血を認め、容易にぬぐい去ることができなければ皮下出血、血液が組織に均一に広がっており凝血がなく、容易に拭えれば死斑である。

　さらに、受傷後の経過時間が長くなれば、腐敗性変化が加わるためそれだけ受傷時期推定の幅も広くなる。

　㈦　複数の凶器による複数の損傷がある場合、いずれの傷が先にできたかが問題となることがある。たとえば、複数人による暴行行為が行われた場合には、誰の行為が致命傷となったのかに関連して、いずれの傷が先にできたかが問題となることがある。

　異なる凶器で数日にわたり暴行が繰り返されているような場合（日により異なる凶器が用いられている場合）は各凶器ごとの損傷の生起の前後関係が判別できる場合もある（病理組織検査が必要である）。逆に短時間に集中して暴行されているような場合は前後関係の判別は通常不可能である。

　㈮　また、同一凶器により、全身に複数の傷ができている場合、どの部位の傷が先かが問題となることがある。たとえば、自白の信用性の判断に関わることがある。すなわち、自白では「〇、×、△の順に傷を付けました」という内容であったが、鑑定の結果、「△、×、〇」の順に傷が付いていることが判明した場合、自白の信用性がないと弁護人が主張する材料となりうる。

---

10 なわを首にめぐらせて、その端を固定して自身の体重をかけて死に至ったもの。

具体的には、各損傷が日単位で間が空いていれば損傷の前後関係は判別できる。あるいは、より短いサイクルであっても病理組織検査にて判別できることがある。また短時間の暴行であっても、△の損傷が失血死をもたらすほどの致命傷であった場合、×と○の損傷は生活反応が乏しくなるため、「△、×、○」あるいは「△、○、×」という順で付いたという鑑定結果が出る。そうすると「○、×、△」の順は否定される。
　また、複数の傷がある場合、鑑定ではまずどれが致命傷か判別する。判断にあたっては、損傷の部位や程度、推定出血量がポイントとされている。
　そして、その傷を受けた後にはどのような行動がとりうるのか、ということも受傷順序の判別の要素とされる。すなわち、人は、心臓を刺されてもある程度運動は可能であることから、その後も加害者に対して抵抗したり、逆に攻撃を受けたりということがありうる。それに対して、頭部に脳挫滅を引き起こすほどの損傷は、直ちに意識を失う。そのためその後、被害者が抵抗したり、加害者がさらなる加害行為をしたりしたということは考えにくいといいうる。そのため、頭部に脳挫滅を引き起こすほどの損傷があるほか、頭部以外にも損傷がある場合には、頭部以外の損傷は、頭部の傷より前についたものと考えた方が自然だといえることになる。

イ　攻撃方法をどこまで推定できるか[11]
　損傷から凶器の種類や形状を推定することが可能な場合がある。
　㈦　凶器の形状の推定
　表皮剥脱や創傷の形状・大きさ・深さ等は凶器を推定する手がかりになり得る。
　ただし、推定できるのは直接身体に傷をつけた部分の形状及び凶器の

---

[11] 島田事件（静岡地判平元・1・31）。1954年に静岡県島田市で発生した幼女誘拐殺人、殺人死体遺棄事件。被告人は死刑の判決を受け、確定したが、1989年に再審で無罪になった。捜査の際に行われた鑑定が再審時に提出された別の鑑定によって覆された。当初の鑑定では、犯行順序が「暴行—石による胸部強打—絞殺」とされていたが、再審時の鑑定では「腹部の傷は死後のもので、被告人の自供した凶器では傷の形が一致」しないとされた。

ある程度の大きさ、重量等に限られる。たとえば、表皮剥脱、皮下出血、挫創、骨折の状況、脳の損傷等から、凶器がどのような作用面を持っているのかや傷がついた際に加えられた力、凶器の重量等が推定できる。

　最も多い先の尖った片刃の刃器（有先片刃器）による刺創の場合、刀刃部と刀背部（峰）の特徴が創口（傷）に残っていることが多い。開いた創口をもとの皮膚の状態に合わせて閉じてみると、刃側は鋭であるのに対し、峰側は鈍である。この時、峰幅も測ることができる。また閉じた創口の長さ（接着長）は凶器の刃幅を示す。皮膚に対して直角に刺入していれば、刺入した部位の中で最も刃幅の広い部分を反映する。通常、片刃器は先から徐々に太くなるので、刺入された刃の部分の最も柄に近い部位（体内と体外の境界に位置する）の刃幅を示す。こうしたほぼ垂直に刺入したと推定できる刺創が複数あれば、刃先から何cmの距離で何cmの刃幅か推定することができ、凶器の全体像を推定することができる。しかし、斜めに刺入した刺創（刺切創）は、刺しながら切り込んでいくため接着長が長くなり、刃幅の推定には使用できない。一方、被害者と加害者は互いに動いているため、創口が複雑になり刃側と峰側の判別すら困難なときもある。このような時は創口の皮下深層を調べ、内臓、骨、軟骨などを刺通している部分で判定することができることがある（全く判定することができないこともある）。

　刺創から刃側と峰側が判別できれば、刺さったときの刃の向きが分かる。そこから刃器の握り方、すなわち順手か逆手かの可能性を絞ることができる。いずれの握り方であるかは被害者と加害者との位置関係で変わりうるため、複数の可能性を検討しなければならない。また複数の創傷がある場合には、加害者と被害者の動きにより創傷同士が重なり複雑化すること、別々の創口と思われたものが1回の穿通による刺入口と刺出口のこともあるなど、詳細に検討しなければならないことがより多くなる。

　また、弁護人としては、特定の凶器を具体的に推定することは難しいことを念頭に置いておく必要がある。

　たとえば、有先片刃器（包丁など）、有先両刃器（ダガーナイフなど）、有

先無刃器(アイスピックなど)など凶器の大まかな種類は判別できることが多いが、その先は難しい。創傷が多ければ上記したように刃幅、刃渡りなども推定可能なことがあり、有先片刃器であっても文化包丁、刺身包丁、フルーツナイフなど、ある程度まで可能性を絞ることができる場合がある。逆に1個の刺切創のみでは情報が少なく凶器の推定はより困難となる。

また、鈍体の場合は非常に推定しにくいものとされている。「この成傷器でできたと断定できる」という場合は多くはない▼12。たとえば、タイヤマークや特殊な靴底など推定できる場合もあるが、弁護人としては、基本的には、「矛盾しない」という程度にしかいえない可能性が高いということを念頭に置いておく必要がある。

(イ) 右手か左手か

また、凶器の持ち方に関して、加害者が攻撃に際して右手を使ったか左手を使ったかを判別することは基本的には困難である。

なぜなら、加害者は手首のひねりによって様々な方向で攻撃できることや、加害者と被害者の双方の動きも入るからである。そのため、昏睡状態など被害者の抵抗がほとんど考えられないときくらいでしか判別はできない。ただし、その場合でも、左右いずれの可能性が高いかという蓋然性の範囲にとどまる。

犯人とされている者が自白している場合に、その自白による攻撃態様と創傷に矛盾がないかという程度の位置付けとなる。

(ウ) 自傷か他傷かの区別

さらに、創傷のある遺体であっても、必ずしも他者に傷つけられたものとは限らない。自傷、他傷の鑑別が必要となる。たとえば、自分ではつけられない部位にある傷であったり、大きな傷が多数あったりする場合には他傷の可能性が高いと言える。自傷で選ばれやすい部位に集中的についた傷であれば自傷の可能性を検討しなければならない。

自殺の場合、「逡巡創」といういわゆる「ためらい傷」(自殺をするに当たりためらって浅く切りつける傷)が見られることがある。逡巡創は手首、側

---

12 福島至編著『法医鑑定と検死制度』(日本評論社、2007年) 43頁。

頚部、胸部、腹部などに多い。逡巡創は浅く、何度も繰り返し同部位につけていることが多い。他殺の場合、対面して攻撃されたときに被害者が本能的に手で防御する姿勢をとる結果、凶器に触れた手指に切創や刺切創を負うということがしばしばみられる。これを防御創という。手の平で凶器を握ろうとして手掌に出来やすいほか、腕で凶器を受け止めることで前腕外側にも見られやすい。逆に前腕内側には見られにくい。防御創がないことは防御できない状態であったことを示す。意識障害があった、抑え込まれていた、突然の暴行、気付かない角度からの暴行、などを考慮しなければならない。

(エ) 事件のときの加害者と被害者の動きをどこまで推定できるか

受傷の状況から、犯行場面全体について加害者と被害者の双方の動きや位置を推定することはほとんどの場合、不可能である。

意識がある場合、被害者が受傷している間に一切動かないことはほぼ考えられない。抵抗したり防御したりするのが通常である。また、当然、加害者自身も激しく動いている。損傷が背面のみに存在し、防御創もない場合は、背面から突如として襲われたことを示唆するが、このように状況が特殊な場合のみ位置関係を推定することが可能である。

たとえば、現場の血痕や被害者の遺体の位置から受傷した位置の一部を推定している場合、加害者の着衣への血痕の付着状況から被害者との距離を推定している場合も、それが科学的に推定可能なことなのか、推論の飛躍がないのか、吟味することが不可欠である。

(4) 創傷と死因の関係

図版1-9：創傷と死因の関係

主要臓器の直接損傷		脳、肺、心臓などの重要臓器の損傷は即死の原因になりうる
圧迫による機能障害		出血部の空間が狭く容積増加が限られていると、出血量が少なくとも臓器を圧迫して機能障害を来たし死因となる（例：心タンポナーデ、硬膜下血腫、クモ膜下出血）
窒息	鼻口部・頸部圧迫	呼吸の停止による急激な低酸素血症で死亡する
	吸引性窒息	出血が気道に流入あるいは吸引されて気道閉鎖により死亡する
	外傷性両側性気胸	胸部の損傷で両側性に気胸が発生すると両肺ともに圧迫されて死亡する
	頸髄損傷	横隔膜を含めた呼吸筋麻痺により死亡する
	声門浮腫	家屋の火災等で高温ガスを吸引すると声門がむくみ、気道閉鎖により死亡する
ショック	出血性	血管の破綻による多量出血により全血液量の½を失うと死亡する（⅓でも急速なら危険）
	外傷性	外傷による多量出血を基礎とし、その上に高カリウム血症や急性尿細管壊死など他の死因となりうる所見が見られる場合に「外傷性ショック死」とすることがある（臨床医学にはない分類で法医学独特）
	心原性	心機能の低下によるもの
	血管拡張性（血液分布不均等性）	初めに血管が開き、血圧が下がって死亡するもの 敗血症性、アナフィラキシー、神経原性の3つがある
塞栓	空気塞栓	静脈の開放性損傷により血管内に空気が入ると、空気が肺動脈に詰まり血流が停止する
	脂肪塞栓	四肢骨・骨盤骨の骨折に脂肪組織の広範な損傷があると、脂肪滴が骨折部から静脈内に入り血管に詰まって血流が停止する
感染		開放性損傷では、ここから細菌が侵入し、二次的に感染を起こして死亡することがある

（髙取健彦監修『NEWエッセンシャル法医学〔第5版〕』〔医歯薬出版、2012年〕65頁参照）

3　死後経過時間の推定（いわゆる死亡推定時刻）[13]

　死後経過時間は、"死亡から解剖着手までにどのくらいの時間が経過しているか"という問題である。たとえば、被害者が遺体で発見された場合、

---

[13] 髙取健彦監修『NEWエッセンシャル法医学〔第5版〕』〔医歯薬出版、2012年〕54頁以下。

目撃者がいなければ死後経過時間を特定することが捜査の初期に重要となる。死後経過時間が問題になる典型的な例は、死後経過時間がいつになるかによって、アリバイが成立するかどうかが決まる場合である。

(1) **死体現象からの推定**[14]

死後、死体には様々な変化が生じる。主な変化から推定される死後経過時間の目安は図版1-10のようなものであり、法医解剖では一般に下記の所見を総合して死後経過時間を推定している。

弁護人としては、死体硬直時間の特定にあたっては、法医が死体の所見のみで判断していないことがしばしばあるということに留意しておく必要がある。すなわち、捜査官が鑑定人に提供する情報（例：最後に食事をした時間についての家族の供述）などを考慮して結論を出している場合がある。しかし、前提として、捜査官の提供する情報が正しいものとは限らない。[15]死後経過時間が持つ意味を検討するにあたっては、どのような資料が参考資料とされたのかを確認する必要がある。検察官に確認する他、鑑定人自身に直接接触し、何を参考資料としたのかを確認しよう。

また、死体運搬時に無理な動かし方をしていないかを確かめておかなければならない（上野正吉『犯罪捜査のための法医学』〔弘文堂、1961年〕276頁）。死体を運搬する際の動きによっては、それにより硬直がとけることがあるからである。

(2) **胃腸内容からの推定**

胃腸内の食物の量、消化状態によって最後の食事から死亡までの経過時間をある程度推定し得る。

一般に胃内容は食後3時間程度で十二指腸への移行が見られる。したがって胃内容が十二指腸に侵入していない場合は食後3時間以内に死亡

---

14 死亡時の直腸内温度は平均して37.2度とされている。その後の温度の降下は、気温や着衣の状況、死体が放置されていた場所、年齢、身長、栄養状態、急死か否かなどによりかなりの差異が生じる。
15 福島・前掲注12書47頁以下参照。

図版 1-10：主な変化から推定される死後経過時間の目安

	現象	死後経過時間
外表所見	死斑[16]が出始める	30分後
	死斑の融合（点状の複数の死斑がひろがって混ざり合う）	1～2時間後
	死体硬直が顎関節に発現	2～3時間後
	全身の諸関節に発現	6～7時間後
	再硬直可能	7～8時間まで
	死斑を指で押すと消える	10時間まで
	角膜が微かに濁っている	12時間後
	死体硬直最高（死体の硬直はここまでに完了）	15～20時間後
	死斑最高（死斑はこれ以上濃くならない）	15時間前後
	下腹部が腐敗し変色し始める	24時間後
	角膜混濁により瞳孔の透見が不能になる	2日前後
	死体硬直の緩解開始	2日前後
	表皮に腐敗による水（気）泡が出来始める、血管網の出現	2～3日
	死体硬直緩解完了	3～4日
体温降下度	1℃／時	10時間まで
	0.5℃／時	10時間以降
内部所見	心筋・横隔膜の硬直開始	30分後
	心筋の硬直緩解	12時間以後
超生反応[17]	瞳孔に自律神経薬剤を投与した場合に反応が起こる	4時間まで
	気管絨毛上皮細胞の運動能	8時間まで
	精のう内精子の運動能	1～4日まで
陳旧死体	ミイラ化	3カ月
	皮下脂肪の死ろう化[18]開始（水中）	1～2カ月から
	全身の死ろう化完了（水中）	2～4カ月
	全身の死ろう化（土中）	1年
	地上死体の白骨化	数カ月～1年
	土中死体の白骨化	3～5年

（髙取健彦監修『NEWエッセンシャル法医学〔第5版〕』〔医歯薬出版、2012年〕55頁参照）

16 人が死亡し心臓が止まると重力により血液が死体の下部の毛細血管に沈降する。これが皮膚に淡紫赤色の斑として発現したものが死斑である。
17 個体が死亡したあとでも、各臓器の組織細胞はかなり長い間生存しており、いろいろな刺激に対して反応する。この死体に起こった細胞の反応をいう。
18 死体が水中や湿った土中で、空気の流通が悪い状態にあると、死体内の脂肪が変化し、灰白色～黄褐色調で、硬さは柔らかいチーズ様から石膏様に硬化したものまである。これを死ろう化という（髙取・前掲注13書53頁）

した可能性がある。3時間以降、およそ6時間までは十二指腸に食物残渣を認める。6時間以上経過している場合は胃と十二指腸は空虚になっていることが多い。また食物の消化の程度は食物によって異なる。肉類はタンパク質なので胃液によって速やかに消化されて形状を失うが、米飯、麺類、野菜類は消化が遅く形状を維持する時間が長い。データはないが肉類は1時間以内、おそらく数十分で形状がなくなると思われる。解剖時の胃内容は米飯や麺類、野菜類が多くを占め、肉類であることは滅多にない。外食など最後にとった食事の時間が明らかであるような場合にはある程度利用できる所見である。

(3) 尿量からの推定

尿は通常1分間に約1ミリリットル生成され、膀胱内に約300ミリリットルの尿が貯蓄すると尿意を感じ、排尿したくなる。一般的に、就寝前に排尿することが多いので、膀胱内の尿量が少量であれば、就寝直後あるいは排尿直後の死亡と考えることはできる。しかし、この尿量も個人差（腎機能も含む）があり、当日の水分摂取量も影響するので、尿量から死亡時刻が推定されている場合には十分な注意が必要である（一般には尿量からの推定はしない）[19]。

(4) アルコール濃度変化からの推定

死体血中及び尿中のアルコール濃度を検査することにより、生前の酩酊状態を推定することができ、また飲酒後死亡するまでの経過時間を考えるのに、尿／血液エタノール濃度比が有用とされている[20]。

---

19 髙取・前掲注13書56頁。
20 たとえば、飲酒後約1時間以内に死亡した場合は、尿／血液エタノール濃度比が1.0以下。濃度比が1.0〜1.3の例では飲酒後約1時間以上経過して死亡した場合となる。濃度比が1.3以上ある場合は飲酒後死亡までにかなりの時間が経過しており、膀胱内に蓄尿が考えられたものや血液・尿ともに低濃度のものである（髙取・前掲注13書56頁）。

Ⅳ　どこまで鑑定により推定できるのか

　鑑定を行った場合も、明らかにできる事には限界がある。
　最も死因を明らかにすることが困難な遺体は白骨死体である。骨以外の組織が消失していることが多いからである。稀に死ろう化した臓器が残されていることがあり、著明な出血などがあれば死因となる可能性を示唆することができることもあるが、他に残された組織が少なすぎること、腐敗性変化が極めて強いことから特定には至らない。
　また、死体の腐敗が高度になると死因を明らかにすることは難しい。真夏で3日も過ぎると腐敗はかなり進んでしまう。皮膚は黒ずみ、腐敗汁が流れ出て、腐敗性ガスの貯留により巨人様観を呈する。外表に損傷があっても生前のものかの判断は困難である。逆に冬であれば腐敗性変化は遅く、2週間程度は手指・足趾の乾燥が見られるくらいで腐敗性変化に乏しい場合もある。ただし、これらは外気温と同じ環境に置かれていた場合であり、クーラーや暖房、着衣の状態、布団などの影響が大きいため、必ず死体発見時の状況を確認しなければならない。
　比較的よくある事例で死因を明らかにしにくいものに窒息死がある。頸部を圧迫した所見、すなわち扼痕や索条痕などがあり、皮下筋肉内の出血や舌骨・甲状軟骨上角の骨折などが見られれば診断は容易であるが、タオルのような柔らかく幅のある厚手の索条物で絞められたり、索状物と皮膚の間に厚手の生地が介在していたりすると、頸部外表には痕跡が残らず皮下にも所見がないことがある。また、手指など平滑なものでの鼻口部閉鎖では所見が残らないため、これらの状況が考えられる場合には、解剖学的所見から積極的に窒息死を診断することができない。あくまで状況的に窒息が考えられ、かつ解剖において急性死の所見と他に死因となりうるものが考えられない場合に、消去法で「窒息死の疑い」と診断するに留まる。したがって状況的に窒息が起こりうるのか判然としないケースにおいては、死因が争点になりやすい。

コラム①
科学的証拠の「信頼性」を検討する基本的な視点

基本的な視点

　我々が、科学的証拠を「信頼できる」と考えてよいのはどのような場合だろうか。

　例えば、「犯行現場等や事件関係者等から収集された資料が、刑事裁判において一定の価値を認められるまでのプロセスは、㋐そのような資料から一定の情報を取得するまでの過程と、㋑その情報が刑事裁判において証拠としての価値を持ち得るように解析・検討される過程に大きく分けることができ」る[1]、といわれる。

　また、いわゆる足利事件の最高裁決定（最決平12・7・17刑集54巻6号550頁）は、同事件で証拠の一つとして採用されたDNA型鑑定の手法について「その科学的原理が理論的正確性を有し、具体的な実施の方法も、その技術を習得した者により、科学的に信頼される方法で行われたと認められる」旨判示しているところ、同決定は、科学的証拠の許容性に関する最高裁の判断を示しているとされる[2]。

　あるいは、アメリカ連邦証拠規則702条は、「知識、技術、経験、訓練又は教育によって専門家としての資格を有する証人は、科学的知識、技術的知識その他の特別な知識が、事実認定者による証拠の理解、又は争点となっている事実の判断に役立つ場合において、(1)証言が十分な事実又はデータに基づいており、(2)証言が信頼性のある原理及び方法の結果であり、かつ、(3)証人がその原理や方法を当該事件の事実に信頼性をもって適用したときは、意見又はその他の形式で証言することができる」と定

1　司法研修所編『科学的証拠とこれを用いた裁判の在り方』（法曹会、2013年）3頁。
2　足利事件は、被害者の着衣に付着していた体液と被告人の血液のDNA型鑑定の結果が一致しないとの結果を踏まえて再審開始決定がなされ、宇都宮地判平22・3・26判時2084号157頁は被告人に無罪判決を言い渡している。

めている。

　弁護人は、このような基本的な考え方や判断基準（視点）を理解し、科学的証拠の信頼性を正しく見極めていくという姿勢が必要である。

鑑定を検討する際の具体的な視点

　特定の鑑定書の証拠能力や証拠価値を判断するために、以下のような視点で検討してみるとよい。
① 　基礎となる科学的原理・知見について
　一般的に確立した手法・手順によって実施されていることが必要である。鑑定書そのものを読んだだけでは、その鑑定手法・手順が当該専門分野において一般的に用いられているものか否かを弁護人が判断することは難しい場合が多いだろう。当該専門分野の書籍・論文を参照するあるいは、他の専門家に問い合わせるなどして検討すべきである。
②具体的な検査方法・手順が遵守されているか
　DNA型鑑定や薬物鑑定等においては、鑑定機器や鑑定試料が汚染されていた、あるいは他の試料が混入した等の可能性が完全に否定できなければ、その信用性を肯定することはできない。例えば、通常DNA型鑑定を実施する際には、鑑定対象となる試料を検査する前に、鑑定に用いる機器自体が汚染されていないか（陰性対照）、また機器が正常に作動しているか（陽性対照）を確認する作業を行うこととなっている。弁護人は、これらの確認作業を実施したことを示す資料を開示させ、必要な検査手順が遵守されているかを検討すべきである。
　また、捜査機関が鑑定試料を「全量消費」してしまったために、再鑑定が実施できないというケースで、そのような検査手法が適正・公平といえるかという視点から、鑑定結果の証拠能力や証拠価値を検討するという視点が必要な場合もあるだろう。この点、犯罪捜査規範186条は、再鑑

識のための考慮として「血液、精液、唾液、臓器、毛髪、薬品、爆発物等の鑑識に当たっては、なるべくその全部を用いることなく一部をもって行い、残部は保存しておく等再鑑識のための考慮を払わなければならない」と定めている。

③　鑑定人・検査者

　鑑定人は「学識経験のある者」から選任される（刑訴法165条）。「学識経験ある者」とは、鑑定事項に関し、特別ないし専門的な知識経験を有する者という意味であり、通常一般の知識や経験を有するだけであってはたりないが、逆に学術的なものに限られず、職業上や日常の生活経験に基づくものであっても、それが通常人の経験と異なるものであればたりるとされている（松尾浩也監修『条解刑事訴訟法〔第4版増補版〕』〔弘文堂、2016年〕299頁以下）。

　弁護人は、鑑定書の信用性等を検討するにあたって、経歴、研究分野、鑑定の経験等について、当該鑑定人の論文や他事件での尋問内容等を調査し、可能な限り情報を入手すべきである。

第2章
交通事故鑑定

I 交通事故に関連する鑑定の概要

　多くの交通事故は、一瞬のうちに起きる出来事であり、当事者や目撃者の記憶から正確な事故態様を把握することは困難である。そのため、刑事手続において交通事故の態様に関する事実認定が問題になる場合には、客観的な証拠を基にした専門的・科学的な鑑定が実施されることが多い。

　交通事故に関連する鑑定として最も一般的なのは、事故車や事故現場の客観的な状況から、事故車の衝突前後の挙動や衝突速度を工学的に解析する鑑定（工学鑑定）である。具体的には、自動車の損傷状況や路面のスリップ痕の測定結果等の数値について、運動量保存の法則等の物理法則から導かれた数式や衝突実験の結果から導かれた実験式に当てはめ、事故車の速度や事故態様等を導き出すものである。

　また、自動車の速度が問題になる場合には、当該自動車が映った防犯カメラ等の動画を解析する鑑定が行われることも少なくない。この種の鑑定では、動画の経過時間に対応する自動車の移動距離から、撮影された自動車の速度が算出されることになる。

　その他、トラック等の自動車に搭載された（デジタル）タコグラフの記録を解析して、自動車の速度を算出する鑑定や、自動車の塗膜片を解析して、事故に遭った自動車との同一性を判断する鑑定等も実施されることがある。

　実務上、鑑定の内容が問題となることが多いのは、事故車の衝突前後の挙動や衝突速度を工学的に解析する鑑定（工学鑑定）であり、通常はこの種の鑑定を「交通事故鑑定」と呼ぶことが多い。

　以下では、このような「交通事故鑑定」に的を絞って、特徴等を説明していく。

II 交通事故鑑定(工学鑑定)について

1 交通事故鑑定の実施主体

　刑事事件において、捜査機関が交通事故鑑定を行う場合には、警察署長や検察官からの鑑定嘱託により、警察の科学捜査研究所[1](いわゆる「科捜研」)が鑑定を実施することが多い。ただし、事案によっては、交通事故鑑定を専門に取り扱う民間の機関[2]や、大学等の研究機関が鑑定を実施することもある。[3]
　捜査機関による交通事故鑑定の妥当性に疑義がある場合、弁護側においても別途鑑定を依頼することを検討することになる。弁護側が鑑定を実施する場合には、民間の機関に依頼することが通常と考えられる。[4]

2 交通事故鑑定の鑑定事項

　交通事故鑑定の鑑定事項として通常想定されるのは、交通事故の態様(事故時の自動車の速度、挙動、衝突の角度等)である。すなわち、交通事故の客観的な発生状況が、交通事故鑑定の一般的な鑑定事項となる。
　実務上、捜査機関が実施する交通事故鑑定などでは、鑑定事項が事故

---

1 警察組織内における科捜研の位置づけについては、平岡義弘『法律家のための科学捜査ガイド』(法律文化社、2014年)参照。
2 交通事故鑑定の実施を行うに当たっては、公的な資格等は求められていない。そのため、民間の機関による鑑定については、鑑定人の経歴や学識経験を吟味する必要性は特に高いと考えられる。民間の鑑定人に対する研修不在の問題に関する指摘として、上山勝「交通事故の工学的解析手法とその適切な活用法」日弁連研究叢書『現代法律実務の諸問題(平成18年度研修版)』(第一法規、2007年)115頁がある。
3 実務上、捜査機関が民間の機関等に交通事故鑑定を依頼するのは、科捜研が鑑定を引き受けなかった事例が多いとされる。そのような事例では、鑑定の信用性について、より一層の吟味が必要と解される。
4 弁護側が交通事故鑑定を依頼する場合には、鑑定費用の負担が現実的な問題としては大きい。交通事故鑑定の費用は鑑定の実施主体によって異なるが、一例として、資料を提供して相談をする費用が10万円程度、鑑定を実施する場合には50～100万円程度の費用を要する場合がある。

態様全体には及ばず、「ある時点における自動車の速度」といった形で狭く限定されることも多い（実務上多く見られる鑑定事項としては、「衝突直前・衝突時の自動車の速度」、「事故発生時の自動車の挙動・衝突形態」、「特定の地点からの自動車の制動距離」などがある）。そのような場合には、鑑定事項とされていない点を捨象することが妥当なのかという観点からの検討も必要となる。すなわち、鑑定に用いた資料から、自動車の速度だけではなく、より詳細な事故態様についても科学的な解析ができないのか、そこで得られた結論を有利に援用することができないのかといった点についても検討すべきである。[5]

3　交通事故鑑定の鑑定書

　交通事故鑑定が実施される場合、鑑定人により鑑定書が作成されるのが通常である。

　鑑定書の記載事項や順序については、必ずしもすべての鑑定書で統一されているわけではないと解されるが、以下のような事項が記載されるのが一般的である。

(1)　事件の特定

　事件の当事者、発生日時等である。

(2)　鑑定資料の特定

　鑑定に用いた資料（車両の実物、実況見分調書等）が個別に特定して示される。どのような資料が鑑定に用いられているかという点は、鑑定の信

---

[5] 現在、交通事故の発生状況に関する一定の情報（路面の状況、車両の変形状況等）を入力して、事故態様をシミュレーションすることができるソフトウェアも流通しており、交通事故鑑定の実施と合わせて用いられることもある。こうしたシミュレーションの結果について、アニメーション動画が作成され、刑事事件の証拠として採用された事例もある。特に裁判員裁判を念頭に置くと、事故態様に争いがある事例では、法廷で一見して理解できるような主張・立証が不可欠であり、弁護側の主張・立証に動画等を用いることは積極的に検討されるべきであろう。ただし、交通事故鑑定の性質上、事故態様を完全に特定することは困難であり、シミュレーション結果の正確性については慎重な吟味が必要である。

用性を検討する上で非常に重要である。ほとんどの鑑定書において特定されているが、特定がない場合には注意が必要である。

(3) 鑑定事項

上記「2　交通事故鑑定の鑑定事項」参照。

(4) 鑑定経過

まず、鑑定資料を基に認定できる事故車両の損傷状況や、現場の痕跡などについて、具体的に記載される。

次に、事故に関する客観的情報を数式に当てはめて、事故態様や自動車の速度等に関する解析結果を導く。

(5) 鑑定結果

鑑定事項に対する結論が示される。

4　交通事故鑑定のポイント

交通事故鑑定の特徴として、導かれる結論に幅があるのが通常であるという点が挙げられる。例えば、特定時点での自動車の速度に関する鑑定の結論は、「時速○○～○○キロメートル」という形で示されることがほとんどである。

それは、交通事故鑑定が、過去に起こった現象を解析の対象にしているためである。例えば、DNA型鑑定の場合には、解析の対象は現に存在する物質の構成要素の分析であるため、一義的な結論を導くことが可能である。一方、交通事故鑑定は、過去に起こった複雑な事象である交通事故がどのようなものかという点を解析の対象とするため、結論に幅が出ることになる。加えて、そもそも、解析の前提となる数値（衝突実験の結果として得られたデータ等）に幅があるため、鑑定の結論に幅が生じることを避けられない面もある。

また、交通事故鑑定の特徴として、鑑定人によって結論に差が出るこ

とも少なくないという点も挙げられる。交通事故という複雑な事象を解析の対象とするため、解析方法にも様々なものがあり得る。そのため、同一の資料を用いても解析方法の違い等から鑑定人同士で結論に違いが生じることがある。

以下では、交通事故鑑定において結論を左右し得る主な事項について、ポイントを説明する。

(1) 道路上の痕跡

交通事故発生現場付近の道路上に残された痕跡は、鑑定において重要な意味を持つことが多い。実務上よく見られるものについて説明する。

図版2-1　道路上によくみられる痕跡

ア　スリップ痕

スリップ痕とは、自動車の急制動（急ブレーキ）によりタイヤが回転せずにロックしたことで、路面上に残される痕跡である。[6] 自動車の進行方

---

[6] ABS（アンチロックブレーキシステム）を装着した自動車の場合には、急制動をした際にタイヤがロックしないようコンピューターがブレーキの油圧を調整する。そのため、ABS装着車の場合には、スリップ痕が残らない場合もあるとされる。ただし、ABS装着車の場合には常にスリップ痕が残らないというわけではなく、ABS装着車のスリップ痕も実験等により多く確認されている。なお、ABS装着車の場合には、衝突時の速度算出に当たって用いるべき摩擦係数について、非装着車と比べて高い値を用いるべきとする見解もあるが（山崎俊一『交通事故解析の基礎と応用』〔東京法令出版、2009年〕37頁）、ABS装着車のスリップ痕から速度を算定できるか、できるとしてどのような摩擦係数を用いるべきかという点については、慎重な検討が必要であると解される。

向(縦方向)に向けて残されることから、「縦滑り跡」ということもある。

スリップ痕の長さから確実に分かるのは、自動車が急制動を開始した地点や、急制動によりタイヤがロックした状態で自動車が進んだ経路や距離である。したがって、事故態様や事故前後の自動車の挙動を推定する重要な根拠となることが多い。

また、測定したスリップ痕の長さを下記(3)で述べる摩擦係数等と合わせて用いることで、制動開始時(ブレーキをかけた時点)の自動車の速度を計算できる根拠となり得る。

実務上は、スピードを出した自動車が急ブレーキをかけたが止まりきれずに衝突してしまったという態様の交通事故で、スリップ痕が重要な意味を持つことが多い。このような態様の交通事故の場合、路面のスリップ痕の長さを計測できれば、自動車が急ブレーキをかける前にどの程度スピードを出していたかを判断できる場合があるためである。

スリップ痕の長さの特定は、交通事故現場の実況見分調書を用いて行われることが多い。スリップ痕は、最初の地点では薄く残され、徐々に濃くなっていくという特性がある。そのため、スリップ痕の印象開始地点の特定には、慎重な見分が必要とされる。湿潤時の路面ではスリップ痕がほとんど見えないという特性もあるため、乾燥してから見分することが求められることもある。

また、四輪自動車の場合には、複数のタイヤのスリップ痕が同時に残されることも多い。この様な場合、交通事故鑑定に当たっては、最も長いスリップ痕を用いるべきとされている。

以上のとおり、スリップ痕の見分や、その長さの測定に当たっては、留意が必要な点も多い。

一方で、実況見分を実施する警察官は、必ずしも交通事故に精通しているわけではない。そのため、実況見分調書等の記載からスリップ痕の位置や長さの特定が行われている場合には、スリップ痕の見分が適切に行われたか、測定されたスリップ痕の長さは正確であるかといった点について、慎重な吟味が必要である。

また、そもそも、実況見分を実施する警察官がスリップ痕の存在を見

落としてしまう場合もあり得る。交通事故の発生が頻繁な地点であれば、他の事故の際のスリップ痕が残されていることもある。問題となっている交通事故におけるスリップ痕との混同が生じていないかという点も注意が必要である。

　なお、スリップ痕は、通常であれば、路面に印象された後に短期間で消えてしまうということはない。しかし、交通量の多い道路などでは、他のスリップ痕と区別が付かなくなり、特定ができなくなってしまうことがある。捜査機関によるスリップ痕の見分が正確に行われたかを検証するためには、事故後の早い段階で現場を確認し、弁護側でもスリップ痕の印象状況について写真撮影をするなど、保全を図ることが望ましい。また、事案によっては、証拠保全（刑訴法179条）の活用も検討されるべきである。

　また、捜査機関は、実況見分調書に添付された写真以外にも、事故現場の写真を撮影していることが通常である。そうした写真について証拠開示を受けて、実況見分調書とは別の証拠から捜査機関によるスリップ痕の見分の正確性を検証することも重要である。

　イ　横滑り痕（ヨーイング痕）

　横滑り痕（ヨーイング痕）は、自動車がスピードを出しすぎてカーブを曲がろうとしてタイヤが横滑りした場合や、自動車がスピンした場合などに道路上に残される痕跡である。

　横滑り痕の特徴は、タイヤが自動車の進行方向に対して直角に滑って残される痕跡であるため、タイヤのトレッド（路面に接する部分）が横方向の痕跡として残る点にある。この点で、外観からスリップ痕との区別をすることができる。

　横滑り痕は、自動車がスピンした場合等の挙動（移動経路）を判断する確実な根拠となるため、スリップ痕と同様、事故態様を推定するための重要な根拠となることが多い。

　また、実務上、自動車がスピードを出しすぎ、カーブを曲がりきれなかったという態様の交通事故の場合に、横滑り痕の解析が重要な意味を

持つことがある。それは、自動車がカーブを旋回中、そのカーブに沿って横滑り痕を残した場合には、そこからカーブの旋回半径を計算することができ、これを下記(3)の摩擦係数等と合わせて用いることで、その自動車がカーブを曲がりきれる上限の速度(限界旋回速度)を導き出すことができるためである。つまり、横滑り痕を計測することで限界旋回速度(カーブに沿って走行できる最高速度)が導かれ、曲がりきれなかった自動車がどの程度スピードを出していたかを推定できるのである。

　こうした点から、横滑り痕は、交通事故鑑定において重要な意味を持つことがある。

　横滑り痕の形状等の特定は、実況見分調書等に添付された事故現場の写真に基づいて行われることが多い。実況見分調書上で横滑り跡の見落としがないかという点等に注意が必要なのは、スリップ痕の場合と同様である。

　ウ　ガウジ痕（えぐり痕）

　交通事故により自動車が衝突すると、車体がへこむなどの変形が起こる。自動車同士の激しい衝突などの場合には、一瞬の間、一方の車体が他方の車体に大きく食い込むことになる。食い込み時に車体底部の金属部品等が道路上に強く接触して路面をえぐり、その痕跡を残すことがある。この時残される路面上のえぐれた痕跡をガウジ痕（えぐり痕）という。

　ガウジ痕は、衝突発生直後（約0.05～0.1秒後）に発生する。そのため、ガウジ痕の残された地点から、衝突発生地点を推定することが可能とされている。ただし、そのためには、ガウジ痕の形状等から、自動車底部のどの部品（フレーム、トランスミッションカバー等）により生じたものであるのかを特定する必要がある。

　交通事故鑑定に当たって、衝突発生地点を特定することは、自動車の挙動を判断するために重要な情報となる。そのため、ガウジ痕からの衝突発生地点の推定が必要となる。

　ガウジ痕の形状等の特定も、スリップ痕や横滑り痕と同様、実況見分調書等により行われることが多い。なお、ガウジ痕については、地面を

えぐる金属痕であるため、通常、事故から長期間が経過しても現場で確認できる。

(2) 車両の状況

　実際に交通事故等を起こした車両の状況も、交通事故鑑定においては重要な意味を持つ。特に、以下のような点に着目するのが有益と考えられる。

ア　事故発生前の車両の状況
　交通事故の発生前の時点における自動車の状況は、交通事故鑑定を行う上で基礎的な事項となる。
　例えば、自動車の質量（重さ）は、自動車の速度を解析する上で必要な情報となる場合が多い。自動車の客観的な質量は、車検証の記載等から把握することが容易であるが、乗車している人員の体重や積み荷の重さ等も考慮に入れる必要がある。
　また、事故発生前の時点で自動車に故障等が生じていなかったかという点も、確認する必要がある。交通事故鑑定では、減速度や加速度の判断等において、自動車が通常の性能を有していることが前提とされる場合も多い。故障等により、事故前から自動車の性能に問題が生じていた場合、交通事故鑑定の内容によっては、その点を考慮する必要性も生じ得る。

イ　事故後の車両の位置・向き
　交通事故鑑定においては、事故発生後、自動車がどの地点にどの向きで停止したかという点が重要な意味を持つことが多い。停止していた位置や向きを基に、衝突後の自動車の挙動を解析していくことになるためである。
　事故後の自動車の位置や向きについては、通常、事故発生直後の実況見分により記録されることになる。実況見分が正確に行われているか、自動車の移動後に実況見分が行われていないかといった点には注意が必

要である。

　ウ　車両の破損や変形の状況

　交通事故により自動車が破損・変形した場合には、破損・変形の箇所や向き、変形量などが交通事故鑑定において重要な意味を持ち得る。

　まず、２台の車両の衝突による交通事故などでは、車両の破損・変形の箇所や向きなどから、事故発生時の衝突の向きや角度を推定する鑑定手法が実務上多く見られる。具体的には、２台の車両の破損・変形部分を付き合わせることで、衝突時の車両の相対的な角度をかなり正確に推定することができる。そして、この点を力学的な知見等と合わせて検討することで、事故発生前後の車両の挙動についても推定ができる場合がある。

　また、事故による車両の変形量から、衝突の際の速度を推定する鑑定手法もある。これは、車種の形状（セダン、ハッチバック等）毎に数値化されたエネルギー分布を用いて、測定された車両の変形量から衝突時に発生したエネルギーを導き、速度に換算するものである。

　なお、自動車の変形状況、特に、変形量については、一定の角度からの写真だけでは測定できないこともあり、捜査資料だけでは判断の根拠として不十分な場合もあるため、注意が必要である。

　正確な鑑定のために、鑑定人が車両の変形状況を直接確認することもある。ただし、車両の保管状況等によっては、鑑定人による車両の実物の確認が不可能なことがある。

(3)　摩擦係数

　急制動により自動車のタイヤがロックした場合、タイヤと路面の摩擦により自動車が減速していくことになる。減速の仕方は、路面の状態（乾燥しているか、濡れているか、凍結しているか）等によって異なることになる。この違いは、速度の解析等の計算上、タイヤと路面の間の「摩擦係数」という数値により表されることになる。

　一般に、乗用車の場合のタイヤと路面の摩擦係数は、乾燥路面の場合

に0.7～0.8程度、湿潤路面の場合に0.4～0.5程度の数値が用いられることが多い。

図版2-2　摩擦係数の一覧表

路面の施行方法・状態		路面状況	乾燥		湿潤	
			48km/h以下	48km/h以上	48km/h以下	48km/h以上
アスファルト	新しい場所		0.80～1.00	0.65～0.70	0.50～0.80	0.45～0.75
	交通量少ない		0.60～0.80	0.55～0.70	0.45～0.70	0.40～0.65
	交通量多い		0.55～0.75	0.45～0.65	0.45～0.65	0.40～0.60
	タール過剰		0.50～0.60	0.35～0.60	0.30～0.60	0.25～0.55
コンクリート	新舗装		0.80～1.00	0.75～0.85	0.50～0.80	0.40～0.75
	普通舗装		0.60～0.80	0.60～0.75	0.45～0.70	0.45～0.65
	舗装摩滅		0.55～0.75	0.45～0.65	0.45～0.65	0.45～0.60
砂利を敷いた場所			0.40～0.70	0.40～0.70	0.45～0.75	0.45～0.75
灰ガラを固めた場所			0.55～0.70	0.50～0.70	0.65～0.75	0.65～0.75
平坦な氷の場所			0.10～0.25	0.07～0.20	0.05～0.10	0.05～0.10
雪の固まった場所			0.30～0.55	0.35～0.55	0.30～0.60	0.30～0.60

(牧野隆編著『図解交通資料集〔第4版〕』〔立花書房、2015年〕13頁)

　ただし、実際の摩擦係数の値は、その他の要素によっても変わり得る。例えば、路面の温度が低下するほど摩擦係数は高くなるとされている。また、トラックやバスのような大型自動車の場合には、通常の乗用車よりも摩擦係数は低くなるとされている。その他、路面の舗装の新しさ、粗さや汚れ等によっても、摩擦係数は異なってくる。
　交通事故鑑定においては、細かい事情は捨象して、事案の大まかな特徴に適合する摩擦係数が用いられることが多い。ただし、速度の解析等の結果は、用いる摩擦係数によって結論が大きく異なり得る。
　実際の交通事故鑑定では、鑑定人の経験的な判断により、厳密な検討を経ずに用いる摩擦係数が決められている場合も多い。適切な摩擦係数が用いられているかという点については、当該事案における路面の状況や車両の特性等を踏まえた適切な数値が採用されているかを確認することが必要である。
　なお、実務上、タイヤと路面の摩擦係数が用いられることが最も多い

と考えられるが、転倒したバイクと路面の摩擦係数等、その他の摩擦係数が用いられることもある。

(4) 空走距離と制動距離

　ドライバーが危険を感じてから車両が停止するまでの距離を停止距離という。停止距離は、空走距離と制動距離の2つに分けられる。

　空走距離とは、ドライバーが危険を感じてからブレーキが効き始めるまでの距離である。その間の空走時間は、さらに、反応時間(危険を感じて右足がアクセルペダルから離れるまでの時間)、踏替時間(右足をアクセルペダルからブレーキペダルへ踏み替えるまでの時間)、踏込時間(右足がブレーキペダルを踏み込んでからブレーキが効き始めるまでの時間)の3つに分けられる。

　なお、空走時間は、個々人の反応速度等によって異なり、高齢者や酩酊者の場合には長くなる傾向がある。そのため、鑑定において空走時間が特定されている場合には、事故の当事者の属性等に鑑みて適切な数値が用いられているかという点を意識する必要がある。

　次に、制動距離とは、ブレーキが効き始めてから車両が停止するまでの距離である。制動距離は、自動車の速度と路面の摩擦係数により変化することになる。自動車の速度が高いほど制動距離は長くなり、路面の摩擦係数が高いほど制動距離は短くなることになる。

(5) 用いられる計算式

　交通事故鑑定において、特に、ある時点での自動車の速度を算出する場合には、事故現場の痕跡や車両の状況に関する数値等を用いて、各種の物理法則から導き出される計算式や衝突実験等の結果から導かれる実験式に当てはめて、結論が出されることになる[7]。

　用いられている計算式等が適切なものであるかという判断は、弁護人

7　本書では、各種の計算式の具体的内容については詳述しない。詳しい説明のある文献として、上山・前掲注2論文、牧野隆『捜査官のための交通事故解析〔第2版〕』(立花書房、2010年)、高山俊吉『交通事故事件弁護学入門』(日本評論社、2008年)等がある。

には容易ではないが、鑑定の信用性が問題となる事案では、その計算式が意味するところを可能な限り理解することに努めるべきである。そして、少しでも疑問を感じた場合には、他の専門家への相談等を試みる必要がある。

また、実験式については、一定の条件の下で実施された実験の結果から導かれたものである。したがって、交通事故鑑定において実験式が用いられている場合には、当該交通事故の態様等が、実験の条件との共通性を有しているかを確認するべきである。

(6) 結論に至る論理

交通事故鑑定においては、事故現場の状況や車両の損傷状況等を基に、各種の物理法則を当てはめ、鑑定事項に関する結論を導いていくことになる。

結論の妥当性を判断するに当たっては、結論に至った論理が適切なものかという点を慎重に吟味する必要がある。

例えば、交通事故鑑定の結果、車両の速度が時速〇〇キロメートルなどと特定されている場合には、注意が必要である。実際の交通事故鑑定では、車両の速度を解析した結果は、時速〇〇～〇〇キロメートルなどと幅のある結論が示されることが多い。特定の速度が導かれている場合には、どのようにして導かれた結論であるのか、単純に平均値などがとられていないのか、確認すべきである。

III 交通事故鑑定を争うポイント

1 鑑定の主たる根拠

交通事故鑑定においては、その鑑定の根拠となる物理現象は様々であるが、いずれにしても、各種証拠から判明する客観的事実をもとに、その事実関係を何らかの物理学的計算式や実験式に当てはめ、自動車の速度を算出するという方法がとられるのが通常である。

したがって、交通事故鑑定の方法について、ある程度共通した着目点を導き出すことは可能である。そこで、以下では、交通事故鑑定を争うポイントや、何を根拠に争うかということについて、ある程度共通する着目点を述べる。

　以下では、実際の裁判例を参照しながら鑑定を具体的に争う視点を紹介するが、裁判例を参照するのは、あくまで鑑定を争う視点の参考にすぎず、引用した部分が（特に工学的に）正しいことを示すものではないことに留意されたい。[8]

2　争うポイント

(1)　計算の前提となる事実を争う

　前述の通り、交通事故鑑定は、ある一定の事実関係を根拠として、当該事実関係を物理学的計算式や実験式に当てはめて行われる。

　そこで、計算の前提となる事実関係の存否自体を争い、計算式の前提を成り立たなくさせる争い方が考えられる。交通事故鑑定の特色は、捜査機関が行った事故の捜査、実況見分をもとに、鑑定人において事故状況を再現するというプロセスを介在する点にある。たとえばDNA型鑑定や指紋鑑定と対比すると、これらの鑑定は、現場鑑識活動で得られた資料をそのまま鑑定すれば足り、捜査官による調査の正確性や、当時の状況の再現などを介在しない。しかし交通事故鑑定においては、道路上のどの跡に着目するのか、どのように写真を撮影するのか、実況見分をど

8　また、各裁判例も、引用部分のみを根拠に結論を導いているわけではない。さらに、指摘されている事情が鑑定の結論を弾劾するかどうかは、個別の事案における鑑定結果次第であると考えられる。たとえば、鑑定の前提となる事故の再現に正確性が多少欠ける場合でも、そのような誤差を前提に鑑定が幅を持った結論を導いているのか、誤差を考えれば採り得ないような断定的な結論を導いているのかで、その誤差のもつ意味は大きく変わってくる。
　本書では、紙面の関係上、あるいは鑑定の入門書としての性質上、個々の裁判例に深く踏み込むことはしない。裁判例の引用はあくまで一般的な視点を具体的なイメージとして紹介するにとどまるものであり、その内容を所与のものとして直ちに別の事案で参照できるものではないことに注意されたい。

れだけ正確に行うのか、計測はどれだけ正確に行われたか、など、捜査機関の行う調査の正確性がまず問題となる。鑑定の基礎となる事実関係が適切に鑑定人に伝えられなければ、情報を全体的に観察して当時の事故状況を再現しようとしたとき、不十分な再現、不適切な再現とならざるを得ず、鑑定の基礎を欠く事態になってしまうのである。逆にいえば、鑑定書が存在する事案であっても、その鑑定の基礎に、そのような問題が潜んでいる疑いは常にある。

　典型的な例としては、計算の前提となる距離や時間、現場の状況や、車の損傷状況などの正確性に疑問点が潜在している可能性が指摘される。神戸地尼崎支判平25・10・28（LLI/DB判例秘書登載）は、「鑑定では、本件一時停止地点から本件衝突地点までの距離を約8メートルとして計算しているところ、検察官の主張によっても、その距離は約8.46メートルであり、計算の前提に問題がある」ことを鑑定の信用性を否定する根拠のひとつとしている。

　そのほか、鑑定書で言及されていない事実関係に着目することも重要である。つまり、前提となる事実や現象が見落とされている場合、それは鑑定の前提が誤っているという評価につながりうる。加速係数の前提となる現場の状況について、車道付近のカラーコーンや工事用の柵が運転の妨げになったかについて鑑定書が検討していないことを鑑定書の信用性を否定する根拠とした判決（前掲・神戸地尼崎支判）は、その典型的な例であろう。

　鑑定の前提となる事実関係を争う場合、それは通常の事実認定のプロセスに過ぎない。一般的な論理則や経験則によって鑑定内容を弾劾することも十分に可能である。そのため、事実関係を争う場合に必要な弁護活動は、通常の事実認定を争う事件と共通する部分が多い。記録の検討、関係者からの事情聴取等により、弁護側の適切な反証を試みるべきである。特に注意すべきは、実況見分調書や写真撮影報告書等の一見客観的に見える証拠である。通常の事件であれば、比較的、客観的な情報を記載したものとして所与の前提とされがちなこれらの証拠も、交通事故鑑定の前提とされている事実関係を争う場合には、その内容を慎重に検討

することが重要である。前述のとおり、鑑定の前提となる事実関係の調査は捜査機関によって行われることが多いことから、捜査機関の作成した実況見分調書や写真撮影報告書の記載が、本当に客観的な情報を記載したものか、注意して検討する必要がある。特に、目撃者や被疑者を立ち会わせての実況見分が行われており、それが鑑定の前提となっている場合は注意を要する。立会人は実況見分の現場で指示説明をすることとなるが、この指示説明において警察官の誘導が行われるケースも散見される。場合によっては、その指示説明がどのような経緯でなされたか、指示説明が正確かどうか自体が争点となり、証人尋問等の証拠調べを行わなければならない事案もある。

　このような特性のために、通常の事件より一層重要となるのが、現場・現物の見分である。事件当時の状況を想起し、弾劾の視点を見つけるための新たな発見がある場合は多いであろう。

(2)　鑑定手法を争う

　事実関係ではなく、鑑定手法を正面から争う方法も考えられる。

　たとえば、鑑定によっては、算出式の前提となる要素や事象が、不当に単純化・仮定・捨象されている場合がある。千葉地判平25・10・8 (LLI/DB判例秘書登載)は、車の衝突角度や衝突前後の挙動等に基づき、運動量保存法則を適用して速度を鑑定した鑑定の信用性が争われた事案であるが、「鑑定の手法は、車を質点、すなわち、大きさ等の他の属性を度外視して単に質量を持った点と見立て、衝突事故における車の運動を平面的な重心移動として単純化し、不明な点は推測又は仮定して、車の速度を解析するものといえる。しかし……かなりの要素が単純化、仮定又は捨象されざるを得ず、そのためにかなりの誤差が生じる可能性があると考えられる」として、鑑定の信用性に疑問を呈している。ほかにも、徳島地美馬支判平23・9・2 (LLI/DB判例秘書登載)は、「鑑定書は、被告人車両、被害者原付車及び被害者の運動及び重量をもとに運動量保存の法則を当てはめて考察しており、同法則は他に外力が働いていないことを前提としているところ、停車時において被告人車両には接地面からタイヤを通

じた静止摩擦力が外力として働いていたことになるはずであって……鑑定手法において精密さに欠ける」と述べ、鑑定の信用性を否定している。鑑定手法として、前提となる要素や事象・現象が見落とされていないか、鑑定手法が工学的に正しいかどうかという点は、やや専門的でもあり、判断は容易でない場合もあろう（さらにいえば、裁判官も交通事故鑑定について正しい理解をしているとは限らない。上記各裁判例もそのような疑問を呈することができる可能性があるが、ここでは踏み込まない）。しかし、鑑定の手法が、事件の具体的な事実関係と整合しているのか、重要な事項について仮定が用いられていないか、などの視点で見れば、事象の不当な単純化や捨象に気づくことができよう。このような視点で争う場合、専門家に協力を仰ぐ必要性はいっそう強まる。

　他に、鑑定に用いられる数字それ自体正当性が問題になる場合もある。たとえば、一見科学的に見える摩擦係数などの数字も、一応の基準はあるものの、当該事例でどのような摩擦係数を選択するかは、鑑定人の判断による。したがって、そこには鑑定人の恣意的な判断が介在する可能性がある。高松高判平23・1・27（LLI/DB判例秘書登録）は、（無罪の原審を破棄した事例ではあるが）原審が事実認定に供した証拠である鑑定について、「測定誤差の大きな静摩擦係数との比率から動摩擦係数を導き出すという手法や、本件現場道路以外の他の3カ所の道路の動摩擦係数を特に根拠無く0.7と擬制する手法など、その鑑定の手法自体に疑問点がある」と述べ、鑑定を根拠に動摩擦係数を認定したことを批判している。

　また、仮に鑑定手法自体の正当性が肯定される場合でも、鑑定の方法如何によっては、その証明力に限界があることはもちろんありうる。前掲・高松高判は「ポータブル摩擦計は、測定部分の設置面積が狭く、石があったり凹凸があったりする道路を測定すると誤差が出やすく、結果に非常にばらつきが出やすいというのであり、測定方法の点から見ても積算のもととなる平均静摩擦係数それ自体が正確なものとは言い難い」と鑑定の限界に言及している。ほかにも、京都地判平25・2・19（LLI/DB判例秘書登録）は、人体模型を使用した実験に基づく計算式（ダミー計算式）について、「同計算式を用いること自体は歩行者の衝突速度算出方法として不当

とはいえないが、同計算式はダミーを用いた衝突実験の結果を平均的に考察して設定されたものに過ぎないことから、本件自動車の衝突開始時の速度が鑑定における速度を下回る可能性を否定できない」として、人体模型を使用した実験に基づく算出に疑問を呈している。このように、鑑定手法が粗雑な場合や、実験などに基づいて算出されている場合、鑑定の証明力や限界を分析することは極めて有用である。

⑶　鑑定を一応是認しつつ他の原因で抗弁する

　鑑定については特段争うところがない、あるいは鑑定の証明力弾劾に失敗した場合であっても、鑑定を前提としつつ、他の事実関係により罪が成立しないという主張はもちろんありうる。

　たとえば、被害者側の事情をもとに、結果回避義務違反を否定する主張や、過失や因果関係を争う主張である。

　東京高判平22・12・10（判タ1375号246頁）の事案は制御困難な高速度走行を理由とする危険運転致傷罪の事案であるが、弁護人から「①被告人車のタイヤが、自動車販売店が交換を勧めるほど摩耗していたこと②アクセル操作を間違えて、意図した以上に加速してしまったこと③運転技術が未熟なため対向車両を認めた際に左に急ハンドルを切ってしまったこと」などの事実が主張されている。当該事案では、この主張は排斥されたようであるが、高速度であることを前提としつつ、高速度の原因が故意の加速ではなく、他の過失にあることを主張することで、危険運転致死傷罪の成立を否定するという主張の方法がとられたようである。

　もちろん、一般的に過失があったからといって危険運転行為が否定されるとは限らず、すべての危険運転の事案でこのような主張が成り立つわけではないことには注意を要するが、十分検討に値する主張の方法であるといえる。

3　争う根拠となる証拠

　以上の通り、交通事故鑑定がなされている場合においても、鑑定の前

提となる事実関係を争ったり、鑑定手法を争ったりすることで、鑑定の信用性が否定されている例は少なくない。

　ではどのような根拠に基づいて鑑定を争うべきかという点であるが、次のような方法が考えられよう。

(1)　鑑定人に対する反対尋問

　弾劾の最も基本的な方法となるのが反対尋問である。前述した視点に従って争うべきポイントを発見した場合、その根拠となる具体的事実を鑑定人から獲得することで、弾劾の材料を得る方法である。

　弾劾の材料を得ることはもちろん、考慮されるべきであった事項が不当に捨象されていると思われる場合にこれを認めさせるなど、鑑定の前提となる事実関係が誤っていることを指摘すべき場合には有用である。

　また、工学上の専門的領域を直接反対尋問で弾劾することは簡単ではない場合も多いであろうが、鑑定手法の誤りや雑さを示す事実を反対尋問により獲得し、鑑定手法及びこれによって導かれる結論を弾劾する視点も重要である。

(2)　別の専門家の鑑定書ないし専門家証人

　検察側の鑑定書ないし鑑定人に対し、別の専門家の鑑定書や別の専門家証人を弁護側が請求する方法である。これは、鑑定手法や、鑑定の結論を正面から争う根拠となる強力な手段である。

　別の専門家により検察官の請求する鑑定を争うことのできる場合、弁護側の鑑定が正確である限り、検察官側の鑑定を弾劾し、少なくとも真偽不明に持ち込むことができることも多いであろう。請求する際には、前述した各視点などを意識し、弁護側の鑑定を適切に行うことが必要であろう。

　前述した裁判例の中にも、弁護側から鑑定書を提出し、証人請求をした事例がある（京都地判平24・4・18 LLI/DB判例秘書登載）。直接証人の請求をしてもよいし、弁護側が依頼した鑑定人が鑑定の経過及び結果を記載した書面を作成している場合には、これを証拠請求し、その真正を立

証すれば当該書面自体を証拠として採用させることができる。また、鑑定人の証人尋問は、現場の状況を前提に計算式を用いて速度等を算出する意見を述べるものである。概して、質疑応答のやりとりのみでは、証言内容が分かりにくくなってしまう場合も多い。証人尋問の際には、適宜鑑定で用いた図面を利用したり、あるいはパワーポイント等のプレゼンテーションソフト等を利用して尋問を行うことが推奨される（刑訴規則199条の12参照）。

(3) 目撃証人

専門家証人でなくとも、目撃証人の供述により鑑定内容を弾劾できる場合がある。特に、鑑定の前提となる事実関係を争う場合、これは事実認定の問題にほかならないから、専門家証人でない証人でも十分に有力である。

たとえば、前掲・神戸地尼崎支判は、特段の根拠なく「一般的な自動車の発車速度」を前提に速度鑑定を行った事案において、目撃証人の「非常にゆっくりした徐行であった」という供述を根拠に、鑑定の前提に疑問を呈し、鑑定結果としての速度に疑問があると判示している。

(4) 他の証拠

速度鑑定においては、その他の客観証拠によって鑑定が弾劾できる場合が多くある。

たとえば、鑑定の前提となる現場の状況について疑義がある場合には、実況見分調書を分析したり、実際に現場を赴くことによって、前提事実を崩せる余地がある。また、防犯カメラやドライブレコーダーの映像なども重要な証拠となり得る。

その他、弁護側でさらなる実験を行ったり、専門的な文献を調査するなどして、鑑定内容を争う証拠を探すことも有用であろう。

4 弁護人として持つべき視点と弁護活動

　最後に、交通事故鑑定を争うために、弁護側が持つべき視点と基本的な弁護活動について紹介する。

(1) 依頼人からの事情聴取
　依頼人からの事情聴取は、すべての弁護活動の基本である。
　ただし、交通事故事件に特有ともいいうる注意点がある。
　まず、交通事故事件における事情聴取は、当然ながら、依頼人本人が体験した事故についての記憶を呼び起こしてもらうことが出発点となる。しかし、交通事故を体験した当人は、一瞬の交通事故の記憶を正しく保持しているとは限らない。
　また、交通事故事件においては、弁護人の介入前に警察官による実況見分が行われ、依頼人がこれに立ち会い指示説明等を行っている場合が多い。これに引き続いて、捜査機関による取調べが行われている場合も多い。事故について正しい記憶を保持しているとは限らない依頼人に対して事後的に捜査機関が介入して取調べを行うことによって、依頼人の記憶がゆがめられる、あるいは記憶が事後的に変容してしまうという事態が生じうる。警察官による実況見分や取調べは、依頼人に対し誘導的な要素を含んでいる場合がほとんどであり、依頼人本人の説明は、注意をして聞かなければならない。もし、この警察官の実況見分や取調べを受ける段階で弁護人が介入できた場合、その実況見分や取調べにおいて不当な誘導に基づく指示説明や、不確実な供述がなされないよう、捜査に対する対応の助言はいっそう重要になる。
　弁護人自身の事情聴取の際には、事故状況を単純に聞くだけでなく、事故後の実況見分や取調べの状況を丁寧に聞いていくことで、依頼人本人の記憶の変容等に気付けることもあろう。

(2) 事件現場及び事故車両の見分

　事件現場や事故車両は、弁護人が直接調査すべきである。争いのある交通事故事件では必須ともいえよう。

　事件現場について、捜査機関の作成した実況見分調書が正確であるとは限らない。むしろ公平かつ正確であることを期待すべくもなく、ずさんな実況見分が行われているケースは散見されるといってもよい。

　事故車両についても、実際に車両を見分すれば、捜査機関が撮影した写真からでは明らかでない情報が得られる可能性もある。

　事故現場を見分する際には複数人で赴き、メジャーやカメラなどを持参して実際に計測・写真撮影などを行うべきである。その際には、できる限り様々な角度からたくさんの写真を撮影しておくほうが、後々役に立つ。また、事故現場の状況は月日が経つと変化していくので、できる限り早めに現地調査をするほうが望ましい。

(3) 証拠の精査と証拠開示

　交通事故事件において最も重要な証拠のひとつといっていいのが、実況見分調書である。実況見分調書の記載については細心の注意を払って分析すべきである。

　特に、実況見分調書内の指示説明は各人の供述等に照らして正確か、計測の数値は正確か、当該事故と関係のない痕跡を当該事故と結びつけていないか、などの視点で検討をすべきである。

　各人の供述調書の検討ももちろん重要である。被害者、目撃者等の供述調書の内容は鑑定の前提ともなりうるものであるから、その信用性をきちんと分析すべきである。必要があれば、弁護人において接触することもためらってはならない。

　さらに、徹底した証拠開示を行うべきである。特に、交通事故事件を争う場合には、間接事実レベルでの争点が多岐にわたることも想定されるため、公判前整理手続の請求を積極的に行うべきである。関係者の各供述はもちろん、請求証拠以外の写真、写真撮影報告書、専門家の意見など、検察側の鑑定を争う材料はいくらでも想定しうる。

(4) 小括

　このような、弁護側独自の調査、証拠の分析を経ると、鑑定を争うためのポイントが発見できたり、鑑定人の反対尋問の材料が発見できるであろう。もちろん、弁護側が独自に鑑定を行う場合も、調査や証拠の分析を経た正確な情報を伝えることが正確な鑑定のために役立つだろう。

コラム②
防犯カメラ動画からの速度解析

　いつも立ち寄る道路脇のコンビニエンスストア。
　そこには、交通事故事件の重要な証拠が残っているかもしれない。

　コンビニエンスストアなどの駐車場に設置された防犯カメラに、交通事故を起こす直前の自動車の走行状況が映っていることがある。このような場合に、交通事故直前の自動車が映った防犯カメラ動画を解析して、その時の自動車の速度を算出することが、最近の実務では広く行われている。
　具体的には、以下のような手法で速度の解析が行われる。

① 防犯カメラ動画のフレームレート（1秒間に何コマの静止画から動画が構成されているか）を確認する。
② 防犯カメラ動画の各コマ毎に、動画上における自動車の位置を特定する。
③ 現実の道路上を、防犯カメラ動画と同じ範囲で写真撮影する。その際に、防犯カメラ動画で撮影された車両と同型（同種）の車両を用意し、防犯カメラ動画の各コマ毎に特定された自動車の位置と重なるよう、現実の道路上に車両を設置して撮影する。
④ 現実の道路上に設置された車両の位置を確認し、各位置の間の実際の距離を測定する。
⑤ 測定した距離を移動するのに要した時間を防犯カメラ動画のフレームレートから算出し、防犯カメラに映った自動車の速度を計算する。

　以上のような解析手法は、一定の客観性を有しており、計算された速度が現実と大きくかけ離れることは少ないといえる。
　ただし、前提とされているフレームレートが正確なものかという点や、

現実の道路上に設置した車両の位置が防犯カメラ上の車両の位置と本当に一致しているかという点については、慎重な吟味が必要である。

　これらの点に問題があれば、結果として算定された速度にもずれが生じてくる。そのため、防犯カメラ動画による速度解析について証人尋問が実施される場合には、これらの点を弾劾のポイントとすることが考えられる。

第3章
DNA型鑑定

I　DNA型鑑定の基礎知識

1　DNA型の異同識別方法

　人の細胞核には、遺伝情報を担うDNAが存在する。通常の成人は約60兆個の細胞で構成されているが、当初は1個の受精卵から出発し分裂を繰り返して個体を構成しているので、どの細胞にあるDNAも、受精卵のDNAが複製されたものであり、全て同一で、かつ、終生変わらない[1]。
　DNAは、アデニン（A）、グアニン（G）、シトシン（C）、チミン（T）の4種類の塩基で構成されている。各塩基が鎖状に連結して、ＤＮＡ分子を形作っている。人の場合、DNAの中に約30億塩基があるといわれているが、DNAの情報は、この4種類の塩基の膨大な組み合わせによって成り立っている。以下の図は、DNAの塩基配列のイメージ図であるが、このように4種類の塩基の組み合わせが、延々と連なっているとイメージしてもらえればよい。

図版3-1　DNA塩基配列のイメージ図

（ウェブサイト「遺伝子医療時代」http://genomedic.jp/image/DNA_complementary.png）

　この塩基配列のある領域に、特定の塩基配列が反復して繰り返されている部分が多く含まれており、この反復配列の繰り返し数に個体差があることもわかっている。「AGCT」という塩基配列が何度も繰り返されて

1　司法研修所編『科学的証拠とこれを用いた裁判の在り方』（法曹会、2013年）80頁。

いる部分があり、10回繰り返されている人もいれば、15回繰り返されている人もいる、といった具合である。その個体差を利用して個人の異同識別を行うのが、DNA型鑑定である。

反復配列には、いくつかの種類があるが、現在、日本の科学捜査研究所（科捜研）では、STRと呼ばれる反復配列が利用されている。STRとは、Short Tandem Repeatの略で、比較的短い塩基配列である。このSTRの長さ（繰り返しの回数）に着目する手法が、STR法と呼ばれる。

現在用いられているキットを使用すれば、15種類のローカス[▼2]と性別を決めるアメロゲニンローカス（「XX」なら女性、「XY」なら男性）を同時に検査することができる。

特定のローカスの特定の型が、どの程度の割合で出現するかを示した値が出現頻度と呼ばれる。検査の結果判明した各ローカスの型の出現頻度を掛け合わせれば、同一のDNA型を有する人がどの程度の割合で出現するかを計算することができる。例えば、「A」という座位で「10型」を持つ人の出現頻度は10人に1人で、「B」という座位で「15型」を持つ人の出現頻度は20人に1人であるとすると、両座位で同一のDNA型を持つ人の出現頻度は200人に1人、ということになる。なお、出現頻度は研究者らの調査で算出されているが[▼3]、あくまで統計上の問題であり、出現頻度をめぐって争いになることもあり得る。

そして、別の細胞からDNAを抽出し、同様の検査を実施し、各ローカスの型が一致するかどうかを比較するのである。その結果、全ローカスの型が一致した場合、その出現頻度が低いほど、同一人由来の細胞である可能性が高いと評価することができる。逆に、1ローカスでも相反することになれば、個体としての人のDNAは、移植などを受けていない限り、身体の全ての組織について共通で、終生不変であるから、同一人の

---

2 DNAで構成される染色体上の遺伝子の位置のこと。遺伝子座、座位とも呼ばれる。後述のエレクトロフェログラムで、「D8S1179」「D21S11」などと表記される。

3 司法研修所・前掲注1書92頁によれば、捜査機関では、科警研所属の研究者らが行った、無作為に抽出した日本人1350人のDNA型から15座位の型をサンプル調査し、それぞれの座位の出現頻度を算出したデータが用いられることが多いとされている。

ものといえないことになる。[4]

　現在、科捜研で使用されている手法を用いると、すべて同じ型を持つ人物が出現する可能性は、最も出現頻度の高い組み合わせでも4兆7000億人に1人とされている。したがって、全ローカスで型が一致すれば、同一人で間違いないと確定し得るレベルまで異同識別が可能なのである。

　このように、DNA型鑑定は、格段に高い個人識別能力を有する。

2　DNA型鑑定の特徴

　DNA型鑑定は、その個人識別能力の高さの他にも、以下のような特徴がある。

　DNAは、人の細胞の核内に存在するため、細胞がある程度の分量あれば鑑定可能である。したがって、血液型鑑定等と比較しても、より微量な資料から鑑定することができ、刑事事件において有用性が高い。

　また、DNAは、紫外線などの光や細菌の分解酵素に触れるなどして、分解が進みばらばらになってしまうこともあるが、前述のSTRを利用した鑑定は、DNAの特定領域を対象にした鑑定であるため、DNAがばらばらになったとしても鑑定できる可能性がある。そのため、より陳旧な資料（古い資料）であっても鑑定できる場合がある。

　これらの特徴があることから、捜査の現場では、今や主流の鑑定手法となっている。現在では、科捜研の全鑑定数の50パーセント以上を占めるとも言われており、公判にDNA型鑑定が証拠として提出される事件も格段に増えている。

　ただし、微量な資料でも鑑定できるとはいえ、DNAの抽出・増幅といった作業を経ることから、微量であればあるほど鑑定の精度に問題が生じることもあり得る。DNA型鑑定といえども、万能ではない。

4　司法研修所・前掲注1書94頁。

II 鑑定書等の見方

1 はじめに

　DNA型鑑定書が証拠として提出された場合、弁護人として鑑定書をどのように見ればよいのか、サンプルを示しながら、基本的な記載内容の説明と、着目点などを説明することとする。

2 鑑定書の記載内容・着目点

(1) 鑑定依頼日・鑑定嘱託番号

　DNA型鑑定も、他の鑑定と同様、1つの資料ごとに鑑定嘱託がなされ、嘱託された資料ごとに鑑定が実施され、鑑定書が作成される。

　鑑定書の頭書きには、鑑定依頼日と鑑定嘱託番号が記載されている。鑑定嘱託番号は、鑑定依頼がなされた都度付される番号である（図版3-2「鑑定書見本」では「組第123号」）。鑑定嘱託書と、それに対応する鑑定書を突き合わせ、鑑定嘱託番号が一致しているかを確認すべきである。番号は嘱託された順番に付されるので、番号に空きがある場合は、同時期に採取された別の資料について鑑定嘱託されている可能性がある。

　また、鑑定嘱託の時期と鑑定の時期に食い違いがないかも確認すべきである。一般的には、鑑定嘱託から鑑定書の作成まで数日から一週間程度のようである。

(2) 事件の特定

　①事件名、②（存在する場合は）被害者、③被疑者で特定される。被疑者は不詳とされることも多い（図版3-2「鑑定書見本」もその例である）。担当する事件と一致しているか確認すべきである。

(3) 鑑定資料

　鑑定の対象とされた資料が記載されている。事件に関係する資料か、

図版 3-2　鑑定書見本

鑑定書

　平成○○年○月○○日、××組第123号をもって警視庁××警察署長から鑑定嘱託されたので、警視庁科学捜査研究所において次のとおり鑑定した。

第1　事　　件
　1　事件名
　　　覚せい剤取締法違反被疑事件
　2　被疑者
　　　不詳

第2　鑑定資料
　1　付着物（注射器（1-1）からガーゼ片に付着させ採取したもの）　若干
　2　付着物（注射器（1-2）からガーゼ片に付着させ採取したもの）　若干

第3　鑑定事項
　1　資料1のDNA型
　2　資料2のDNA型
　3　その他参考事項

第4　鑑定経過及び結果
　1　資料1、2はそれぞれガーゼ片上の付着物各若干である。
　2　資料1、2について、DNAを抽出、精製し、アイデンティファイラープラス検査キット（アプライドバイオシステムズ製）を用いてDNA型検査を行ったところ、下表に示すとおりに型検出された。

	資料1	資料2
D8S1179型	12 , 14	12 , 14
D21S11型	30 , 32	30 , 32
D7S820型	8 , 9	8 , 9
CSF1PO型	12 , 15	12 , 15
D3S1358型	13 , 15	13 , 15
TH01型	9	9
D13S317型	8 , 10	8 , 10
D16S539型	10	10
D2S1338型	19 , 21	19 , 21
D19S433型	13 , 15.2	13 , 15.2
vWA型	13 , 15	13 , 15
TPOX型	8	8
D18S51型	13 , 14.2	13 , 14.2
D5S818型	12 , 14	12 , 14
FGA型	22 , 24	22 , 24
アメロゲニン型	X , Y	X , Y

以上

　資料1、2の残余は本鑑定書に添えて返却する。
平成○○年○月○○日
　　　　　　　　　警視庁科学捜査研究所
　　　　　　　　　　法医研究員　　△　△　　△　△　㊞

※この見本に記載したDNA型は架空のものである。

どこから採取されたか、資料の分量などについて確認すべきである。

(4) **鑑定事項**

　当該鑑定資料につき、どのような鑑定が依頼されたかが記載されている。当然なされるべき鑑定が依頼されていないのであれば、その理由について検証すべきである。

　DNA型鑑定の場合、典型的にみられるのは以下のような鑑定事項である。

1　資料1のDNA型
2　その他参考事項

　以前は、例えば血痕が鑑定対象の場合、血液型も併せて鑑定事項とされることが多かったが、最近では、最初からDNA型のみの鑑定を依頼することが多い。

(5) **鑑定の経過**

　DNA型鑑定の場合、鑑定の経過は2項ないし3項で構成されている。まず、第1項では、鑑定資料の色や付着状況など資料の外観について記載されている。次に、人血付着の有無や人精液反応の有無などが鑑定事項として依頼されている場合は、その結果（血液予備検査や精液予備検査など）が記載されている。最後に、鑑定の結果、表に示すとおりの結果が検出されたと記載されている。
　定型的に記載されるのは次のような文言である。

　資料1について、DNAを抽出、精製し、アイデンティファイラープラス検査キット（アプライドバイオシステムズ製）を用いてDNA型検査を行ったところ、下表に示すとおりに型検出された。

第3章　DNA型鑑定　75

「アイデンティファイラープラス検査キット」とは、アプライドバイオシステムズ社が開発して市販している検査キットである。STR15ローカスのPCR増幅[5]・DNA型検出を可能にする検査キットであり、現在科捜研ではこのキットを使用して鑑定を実施している。

　鑑定書には、定型化されたこのような文言しか書かれないため、検査結果票やエレクトロフェログラムを確認しなければ、鑑定結果の詳細はわからない。

　なお、備考として、資料の残余の扱いについて記載されることが通常である。鑑定資料の残余が返却されたのか、それとも全量消費されたのかは、再鑑定の可能性にも関わるので、忘れずに確認すべきである。

(6)　検査結果票

　検査の対象となったSTRローカスとアメロゲニンローカス、それに対応する鑑定資料のDNA型が表になって記載されている。この結果票に示されたDNA型を対比して、鑑定資料が同一人物に由来すると推定できるかどうかが判断されることになる。

3　エレクトロフェログラムの見方

　後述のように、鑑定結果が記載されたエレクトロフェログラムは、通常、鑑定書には添付されない。したがって、弁護人から証拠開示請求をして入手しなければならないが、入手されたエレクトロフェログラムの見方についても、ここで紹介しておく(図版3-3「エレクトロフェログラムのサンプル」参照)。

5　PCR増幅とは、DNAの特定領域を増幅する手法のことである。加熱してDNAの二重鎖を解きほぐし、冷却して再度二重鎖を構成する過程を繰り返すことで、DNAを増幅することができる。詳しい原理は、司法研修所・前掲注１書83頁以下、押田茂實＝岡部保男編著『Q&A見てわかるDNA型鑑定』(現代人文社、2010年)21頁以下、勝又義直『最新　DNA型鑑定』(名古屋大学出版会、2014年)14頁以下などを参照。

図版 3-3 エレクトロフェグラムのサンプル

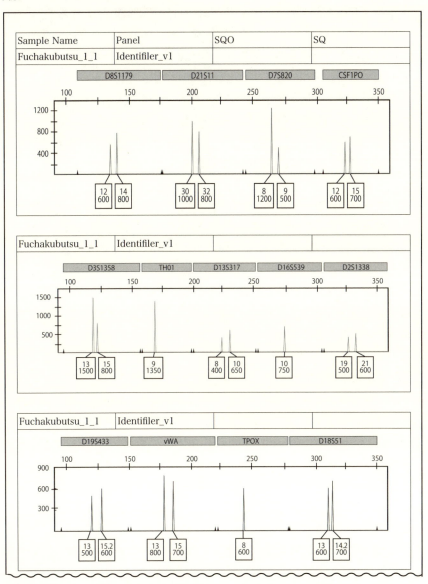

第 3 章　DNA 型鑑定

(1) 検査日時と鑑定嘱託日の整合性

エレクトロフェログラムの左下には、日付と時間が印字される（サンプルでは省略した）。これは、検査結果が示されたエレクトロフェログラムが印刷された日時である。通常は、検査結果が得られた時点で印刷されるものである。仮に、鑑定が実施された日付と、エレクトロフェログラムが印刷された日付が異なるのであれば、なぜそのような操作がなされたのか検証し、改ざんの可能性を疑うべきである。

また、鑑定嘱託日と、エレクトロフェログラムに印字された日時に間隔が空いている場合は、その理由を検証すべきである。

(2) データの枚数チェック

科捜研では、通常、同一の鑑定資料について2度の検査が行われている。2枚のエレクトロフェログラムが揃っているかをチェックすべきである。また、2枚で結果が異なっていないかも確認すべきである。

エレクトロフェログラムの右下に、「Page 1 of 5」などとページ数の記載がある場合もある。合計ページ数が判明しているならば、全ページの開示を求めるべきである。

(3) 鑑定対象物のチェック

エレクトロフェログラムの左上、「Sample Name」の欄に、鑑定対象物の呼称が印字される。通常は、対象物の特徴を示す呼称が設定されており、例えば心臓血であれば「shinzouketu」、血痕であれば「kekkon」などと印字される。サンプルでは「Fuchakubutsu_1_1」という呼称が付されている。鑑定の対象資料との齟齬がないか確認すべきである。

(4) STRのローカス名

「D8S1179」「D21S11」などローカス名が決まっているが、同一のキットを使用しているのであれば、同一の並びになる。それぞれの枠の中にそのローカスに対応するDNA型のピークが印字される。

(5) 各ローカスのピークの数

　DNA型の性質として、1人の人間であれば、各ローカスについて出現するDNA型は1つまたは2つである。ピークの下に印字された数値のうち、上段の数値が出現した型を示している。サンプルでは、「D8S1179」というローカスでは「12、14」という型が、「TH01」というローカスでは「9」という型が出現したことがわかる。

　3つ以上のピークが出現しているのであれば、複数人のDNA型が混在している可能性を疑わなければならない。

(6) ピークの形

　ピークの頂点が2つに分かれている場合がある（二峰性）。検査過程にミスが生じている可能性がある。

(7) ピークの高さ

　エレクトロフェログラムの各ローカスの枠の左端に、目盛りのような数字が刻まれている。いわばピークの高さを数値化して表したものであるが、PCR産物の量が多ければ高くなり、少なければ低くなる。

　科捜研では、150RFU[6]に達しないピークは、型として判定しない扱いとしている。[7]

　このような運用に従って適切にピークが読み取られているか、確認すべきである。

　ピークの高さは、ピークの下に印字された数値のうち、下段の数値が示している。サンプルでは、「D8S1179」の「12」型の高さは「600RFU」であることがわかる。

(8) 鑑定書との整合性

　以上の検討を経た上で、最後に、鑑定書に表示された検査結果票とエ

6　RFUとは、型判定用ソフトで型として読み取る際の、蛍光強度の単位のことである。
7　司法研修所・前掲注1書97頁。

レクトロフェログラムに表示された結果が整合しているか、確認すべきである。

4　鑑定書の問題点

実務上、刑事事件におけるDNA型鑑定の大半は、科捜研の研究員が実施している。科捜研の研究員が作成する鑑定書には、以下のような問題点がある。

(1)　鑑定過程の欠如
まず、鑑定書では、鑑定の結論であるDNA型を表で示すことに主眼が置かれ、鑑定の過程が記載されていないに等しい。とりわけ、DNAを抽出する作業過程については、上記のとおり「DNAを抽出、精製し」とだけ記載され、どのような作業を経て抽出されたか記載されていない。DNA型鑑定において、人為的なミスが生じ得るのはDNAの抽出過程である。その過程について一切記載されず事後的な検証を困難にしているのは、鑑定書の問題点である。

(2)　鑑定の過程で作成される資料の欠如
また、鑑定書には結果としての表の記載しかなく、鑑定の過程で作成されるはずの資料が添付されていないことも問題である。例えば、対象資料の写真、エレクトロフェログラム、鑑定の際に作成されたメモ等が存在するはずであるが、ほとんどの鑑定書には添付されない。
DNA型鑑定を争い、鑑定の問題点を検証するためには、これらの資料を検討することが不可欠である。したがって、各種資料の証拠開示は必須である(詳細は次項「Ⅲ　証拠開示」)。
もっとも、鑑定の過程で作成される資料が廃棄される例もある。鑑定の過程をリアルタイムで記載したメモ等は、鑑定の信用性・信頼性を検証するために重要な資料となる。それらが廃棄された場合には、後日の検証が不能になったことを理由に、鑑定の証明力を争うことが考えられる。

鑑定に至らなかった旨の鑑定書及び鑑定人証言の信用性が争われた事例で、資料廃棄の問題性に言及した裁判例がある。福岡高宮崎支判平28・1・12（判時316号107頁）は、強姦事件で、一審ではDNA型鑑定に至らなかったとされたが、控訴審で被害者の膣液のDNA型鑑定を実施したところ、被告人ではない第三者の型が検出され、それが決め手の証拠となって無罪となった事例である（本書第8章参照）。この事例の一審では、「被害者の膣液から精液が検出されたが、その抽出されたDNAが微量であったため、PCR増幅ができず、DNA型鑑定には至らなかった」旨の科捜研職員の鑑定書が提出されていたが、控訴審で「メモ紙」が廃棄されてしまったことが判明したことから、「後日の検証資料となり手続の適正の担保にもなる鑑定経過を記載した『メモ紙』までもが廃棄され残されていない」ことを、上記鑑定の信用性に疑問を抱かせる1つの事情として指摘している。

III　証拠開示

1　証拠開示請求の対象

　では、DNA型鑑定に関して、どのような証拠の開示を請求すべきか。
　まず、鑑定対象となった資料の写真が必要である。実際に採取された資料と、鑑定に付された資料が同一であることが、鑑定の信用性を認める上で最低限の条件である。それを確認するため、鑑定対象となった資料の写真を開示させるべきである。
　続いて、エレクトロフェログラムも開示請求すべきである。検査結果票と対照することはもちろんのこと、上記のとおりエレクトロフェログラムを確認することで問題点が発見できることもある。鑑定内容を検証するための最も重要な資料として、開示は必須である。
　さらに、鑑定の際に作成されたメモも開示請求すべきである。上記のとおり、鑑定書には鑑定の過程がほとんど記載されない。鑑定書には現

れない鑑定の過程を浮き彫りにするためにも、開示させるべきである。[8]

　なお、DNA型鑑定は、微量な資料でも鑑定可能な、非常に感度の高い鑑定である。そのため、機器が正常に作動しているか、機器自体が汚染されていないか、あらかじめ確認しなければ、正確な鑑定はできない。そのために実施するのが、陽性対照、陰性対照と呼ばれる作業である。陽性対照とは、あらかじめ型の判明している資料を検査機器にかけて、その型どおりの結果が検出されるかを確認する、すなわち機器が正常に作動しているか確認する作業である。陰性対照とは、DNAが混入されていない資料を検査機器にかけて、型が検出されないことを確認する、すなわち機器自体が汚染されていないか確認する作業である。陽性対照、陰性対照が実施されていれば、それらに対応するエレクトロフェログラムも存在するので必ず開示させるべきである。仮に存在しないのであれば、機器自体に問題がある可能性があると主張することも考えられる。

　鑑定そのものに関係する上記各証拠の他に、後述のとおり、DNA型鑑定においては、鑑定対象となった証拠の採取・保管の過程を検証することも重要なので、採取・保管の過程に関する証拠開示も必要である。

2　証拠開示請求書の記載例

　鑑定そのものに関係する各証拠について、公判前整理手続に付されている事件であれば、類型の1号ないし4号に該当する証拠として、類型証拠開示請求をすることが考えられる。その際には、開示請求する証拠の特定として、特定性を失わないようにしつつ漏れなく請求するため、例えば以下のように記載することが考えられる。

---

[8] 司法研修所・前掲注1書45頁以下も、鑑定経過等の検討に必要なデータ、資料等の証拠開示の重要性を指摘している。

> 図表、チャート、エレクトロフェログラム（陽性対照、陰性対照を含む）等鑑定の根拠となった資料一切、鑑定ノート等鑑定の過程で作成されたメモ、鑑定の対象物や鑑定の経過について撮影した写真、その他鑑定の際に作成された資料

　公判前整理手続に付されていない事件であっても、開示を求めれば検察官が任意開示してくることもある。しかし、任意開示で必要な証拠が全て開示される保証はないので、DNA型鑑定を争う必要のある事件であれば、公判前あるいは期日間整理手続に付すよう請求し、徹底的な証拠開示を尽くすべきである。

Ⅳ　DNA型鑑定を検討するためのポイント

1　はじめに

　具体的に、DNA型鑑定を検討する際にどのようなポイントに注意すればよいか、争う場合、どのような争い方がありうるのか、検討していきたい。なお、以下に述べる方法は、あくまで一例であって、事案や鑑定の内容によって、争う余地が乏しい項目もありうるし、以下の方法とは別の観点で争うことができる可能性もあるので、各弁護人の創意工夫が求められるところである。

2　対象資料の問題

(1)　核DNAの有無
　DNA型鑑定は、あらゆる生体資料で可能である。例えば、血液に含まれる赤血球には核はないが、白血球に核が存在するので鑑定可能である。精液には精子が含まれるので、ここに核DNAが存在する。唾液そのものにはDNAは含まれていないが、口腔内細胞の断片が唾液に混じっている

ためDNA型鑑定が可能と考えられている。

　このように、核を保有する細胞が含まれる生体資料であれば、DNA型鑑定は可能である。逆にいえば、核が存在しなければDNA型鑑定は不可能ということである。そこで、鑑定の対象資料が、核を保有する細胞を含む資料かどうかは吟味すべきである。

　例えば、毛髪は、毛幹部と毛根部に分けられる。このうち、毛幹部は、死滅した細胞で形成されているため、DNAの抽出が非常に困難でDNA型鑑定には適さない。DNA型鑑定をするには、毛根部の毛球内にある毛根鞘が必要であるとされている。引き抜いた毛髪には毛根鞘が付着している場合があるが、自然に抜けた毛髪には毛根鞘は付着してない。そこで、毛髪が鑑定の対象となっている場合には、どのように頭部から分離した毛髪なのか、毛根鞘が付着しているか否か、について十分に吟味すべきである。

　なお、警察庁通達「DNA型鑑定の運用に関する指針の改正について」(警察庁丙鑑発第65号) 第5項(1)には、鑑定対象資料の主なものが記載されている。

(2) DNAの分解

　DNAは、紫外線などの光や、細菌の持つ分解酵素などに触れることにより、分解が進み、断片化する。いったん乾燥してしまえば、かなり長期間DNA型鑑定に耐えられる状態で保存されるといわれるが、逆に、湿った状態のまま放置すれば細菌による分解を受け、数日以内に検査不能になるとされている。乾燥した資料でも、保存状態によってはDNAの分解が進むこともある。

　刑事事件でDNA型鑑定がされるとき、対象資料が、雨風にさらされていたり、水中に存在したり、採取から時間が経って鑑定が実施されたりする場合がある。どのような環境でどの程度の時間が経過すればDNAが分解するか、明確な基準があるわけではないが、鑑定対象資料が遺留されてからの時間の経過や周囲の環境、採取後の保存状態などを十分に吟味すべきである。

3 採取・保管の過程の問題

(1) コンタミネーションの可能性

　前述のように、DNA型鑑定は、DNAの一部の領域を分析することによって鑑定する手法であるため、微量・陳旧な資料でも鑑定が可能である。もっとも、それほど高い感度を有する鑑定手法であるがゆえに、ターゲットとなる鑑定資料が微量である場合、わずかでも別人のDNAが混入すると、混入したDNAの方がPCRによって増幅されてしまうという現象が起こり得る。これを「コンタミネーション」と呼ぶ。

　このように、コンタミネーションが起これば、別人のDNA型が鑑定結果として検出されてしまうことになる。したがって、鑑定の正確性を維持するためには、コンタミネーションは是が非でも避けなければならない。

　そのため、科捜研では、鑑定の際に手袋・マスクの着用、クリーンルームで作業するなど、コンタミネーションを避けるべく配慮がなされている。

　現場での資料採取の過程でも、遺留資料に手で触れてしまったり、咳やくしゃみによる飛沫が混入したりすれば、コンタミネーションの危険が生ずる。そのため、最近では現場に臨場する警察官は手袋・帽子・マスクを着用するなど配慮がなされているが、それが必ずしも徹底されていない場合もある。そこで、採取過程について記した実況見分調書や採取結果報告書などの資料を検討し、コンタミネーションを防ぐ措置が講じられているか、吟味すべきである。

　採取現場の状況、現場の保存状況、採取過程等を検証し、問題があれば、別人のDNAが資料に混入した可能性を主張することが考えられる。

　2009年、いわゆる今市事件の捜査の過程で、遺体でみつかった女児の手の甲に付着していた微物のDNA型が、栃木県警の捜査員のものと一致したという報道がなされた。この微物は、犯人が女児の手を握った際に付着したものと目されていたが、検視のとき捜査員が女児の手を握った際に付着したものであった。捜査員のDNA資料が遺体や遺留資料などに付着・混入する危険性は常にあるのであって、その検証を怠ってはなら

ない。

　なお、上記警察庁通達「DNA型鑑定の運用に関する指針の改正について」第5項(2)には、鑑定資料取扱上の留意事項が記載されているので、同通達に沿った取扱いがなされているか検証することも有用である。

(2) 資料の取り違えや保管ミス

　資料の取り違えや保管ミスなど、人為的なミスが生じることも否定できない。鑑定結果が事件と関連性を有するというためには、採取された資料と鑑定に付された資料が同一であることが当然の前提となる。したがって、採取・保管、そして鑑定に付されるまでの過程で、資料の取り違えや保管ミスがないかどうか、検証する必要がある。

　採取・保管の過程について争う場合には、関連する証拠をできる限り開示させることが重要である。採取・保管に関わった警察官が法廷で証言して立証するのが通例であるが、その警察官の証言の信用性を弾劾するためにも、関連する資料の開示は必要不可欠である。証拠物件保存簿、証拠物件出納簿といった警察内部の手続書類が開示された例もある。

4　エレクトロフェログラムから見られる問題事例

(1) ピークの不検出・欠損

　鑑定の結果、ローカスの一部にピークが検出されないことがある。15ローカス中、7ローカスについては検出されたが、8ローカスについては検出閾値に達するピークが検出されなかった、といった場合である（ピークが検出されたが閾値に達していないというケースもあるし、ピークがそもそも欠損しているケースもある）。

　このようなケースで、検出された7ローカスについては対照者の型と一致しているという場合に、同一性肯定の方向で判断資料として用いることができるかについては、問題がある。各ローカスの型の出現頻度が独立である以上、検出されたローカスの型の出現頻度を掛け合わせるこ

とで、異同識別に利用することも可能である。もっとも、通常は15ローカスすべてについて検出されるはずのピークが一部について検出されないということは、資料の劣化が進んでいたり、量が少なかったりするほか、検査の過程で何らかのミスが生じた可能性もゼロではない。また、検出された7ローカスで型が一致したとしても、残る8ローカスのいずれかで型が不一致であれば、それはすなわち別人であるということなので、その可能性もゼロではない。型が判明したローカスだけに基づいて単純に出現頻度を求め、異同識別をしようとすることは、それ自体が同一性肯定へのバイアスがかかった判断姿勢であり、検査結果の「いいとこ取り」「つまみ食い」であって、客観性・公平性に欠けるという意見もある。[9] 不明ローカスのある鑑定が証拠として請求された場合には、上記のような問題があることを指摘して、対照者との同一性を立証する証拠として用いるべきではないと主張し、採用に異議を述べるべきである。

(2) ピークが3本以上見られた場合

　1人の人物のDNAであれば、検出されるピークは、ローカスごとに1本あるいは2本である。しかし、鑑定の結果、3本以上のピークが見られる場合がある。

　その場合には、コンタミネーションの可能性や、採取された資料がもともと複数人のものだった可能性などを検討すべきである。

(3) 混合資料の型判定

　ところで、はじめから複数人の資料が混合した疑いのある資料として鑑定に付されるケースもある。この場合の型判定が問題になる。

　鑑定の結果、1人の人間とは説明できない型判定結果が示された場合、混合資料である可能性について検討すべきである。例えば、各ローカスにおいて3本ないし4本のピークが見られた場合、2人以上の人間のDNAが混合している可能性が高いとはいえる。もっとも、ピークからだ

9　司法研修所・前掲注1書122頁。

けでは、それがどの人物に由来する型なのか判別できないため、3人あるいはそれ以上の人間のDNAが混合した可能性も否定できない。対象資料がそもそも3人以上のDNAが混合したものである可能性や、採取過程、鑑定過程でコンタミネーションが生じた可能性など、さまざまな可能性が考えられる。現場資料が混合資料である場合、検出結果の評価は非常に難しい問題であり、異同識別の判断資料として用いることができるか一概にはいえない。

混合資料に関する鑑定が証拠として請求された場合には、上記のような解釈の困難性があることを指摘して、採用しないよう主張すべきである。それでも検察官が請求を維持する場合、それを弾劾するためには、専門家の意見を求めるのが望ましい。[10]

5　鑑定資料の全量消費

(1)　全量消費の問題

DNA型鑑定の結果を争うために、もっとも有効な手法は、同一資料の再鑑定を実施することである。そのためには、鑑定資料が全量消費されずに、保管されている必要がある。著名な再審事件である、足利事件、東電OL事件、袴田事件などでDNA型鑑定が実施可能だったのも、鑑定資料が保管されていたからである。

警察庁通達「DNA型鑑定の運用に関する指針の改正について」第5項(2)イ(ア)においても、「鑑定はなるべく資料の一部をもって行い、当該資料の残余又は鑑定後に生じた試料……の残余は、再鑑定に配慮し、保存すること」と定められている。

鑑定資料の残余が保管されている場合には、再鑑定を請求したり、当事者鑑定を実施するなどして再度の鑑定をして、その結果と当初の鑑定結果を比較することが有用である。

10　本田克也「DNA鑑定はどこまで正当か⑨　混合試料や劣化試料の鑑定はどこまで解釈できるか(1)」季刊刑事弁護86号（2016年）150頁以下も参照。

もっとも、微量な資料でも鑑定可能であることもあって、実務上、鑑定資料が全量消費されるケースにしばしば遭遇する。本来全量消費する必要のない資料について、全量消費しているのであれば、そのような実務の運用は問題であろう。
　他方で、仮に鑑定資料が全量消費されるケースであっても、その資料からDNAを抽出したDNA溶液は全量を使用しないことが多い。DNA溶液の残部が保存されていれば、再鑑定が可能になるが、前述の福岡高宮崎支判平28・1・12は、DNA溶液の残部を全て廃棄したことも、科捜研職員の報告の信用性に疑問を抱かせる1つの事情として指摘している。

(2) 全量消費された場合の鑑定書の証拠能力

　そこで、全量消費された場合の鑑定書の証拠能力を争うことが考えられる。
　この点、起訴後の再検査不能を理由として捜査段階の鑑定書の証拠能力が否定されるのは、起訴後の再検査が不能になった経緯等から、捜査機関が弁護人の当該証拠物に関する防御権を積極的に侵害したといえる場合に限られるとする考え方が実務上は有力である▼12。これに対し、再鑑定の可能性をあらかじめ奪った場合には原則として鑑定書に証拠能力がないというべきであるとする見解もある▼13。

11　司法研修所・前掲注1書53頁。
12　福岡高宮崎支判平22・9・9高刑速報集平成22年246頁は、再鑑定に備えた資料を保管するなどの配慮を欠いたまま、漫然と被害者にドレス及びパーカーを返還したのは極めて不適切な措置であったと指摘しつつも、「再鑑定は、当初の鑑定の信用性を弾劾するための唯一の方法であるわけではなく、したがって、被告人の防御を全く不可能にしてしまうものではないこと、又、再鑑定に備えて鑑定資料を保管していたか否かは、鑑定の正確性に影響を与えるものでもないことなどにかんがみれば、再鑑定を妨害する意図が捜査機関にあったなど特段の事情がない限り、鑑定資料を被害者に返還したことが鑑定書の証拠能力に影響することはないというべきである」としてDNA型鑑定書の証拠能力を肯定した。
13　佐藤博史「DNA鑑定の証拠能力・証明力」平野龍一ほか編『新実例刑事訴訟法(Ⅲ)』(青林書院、1998年)184頁。

6 ミトコンドリアDNA型鑑定の問題

(1) ミトコンドリアDNA型鑑定の原理

　ミトコンドリアは、エネルギーの基となるATP合成を行っている細胞内小器官の1つである。ミトコンドリアの内部にも、環状DNAが存在し、16250塩基対で構成されている。

　人の細胞では、1つの細胞に数百から数千のミトコンドリアが存在し、それぞれに数個の環状DNAがある。そのため、1つの細胞に千から数千のミトコンドリアDNA（mtDNA）が存在していることになる。したがって、微量しかない資料や、DNAの分解が進んだ陳旧資料でもmtDNAは残存している可能性が高く、核DNAの鑑定は不能でもmtDNAの鑑定はできる可能性がある。また、前述のように毛髪の毛幹部から核DNAを抽出することは困難であるが、mtDNAであれば抽出できることがあり、毛幹部でも鑑定可能な場合がある。

　実務上、核DNAの鑑定が困難な場合に、ミトコンドリアDNA型鑑定が実施されることがある。

　ミトコンドリアDNA型鑑定は、mtDNAの特定の領域の塩基配列を読み取ることによって実施する。この領域には、塩基置換などの多型が多くみられるので、置換等が生じている部位の組み合わせの違いによって、個人識別に利用できるのである。置換等の組み合わせは、標準となるmtDNAの配列（初めて配列を決めた研究者の名をとってアンダーソン配列、あるいは所属大学の名をとってケンブリッジ配列と呼ぶことが多い）と比較した塩基配列の違いを示すことによって表す。

(2) ミトコンドリアDNA型鑑定の問題点

　まず、「ヘテロプラスミー」と呼ばれる問題点がある。ヘテロプラスミーとは、同一個体から得られたmtDNAであっても、ある塩基が2つの混合（例えばGとA）になっているという現象である。したがって、同一個体でも、鑑定対象物の違いによって塩基が異なってしまうことがある。また、

変性が激しい資料では、PCR増幅の過程でいくつか塩基が違う配列が生じてしまうことも知られている。毛髪の毛幹部と血液では、1塩基程度違う型として判定されてしまうことも多い。そのため、1塩基ないし2塩基程度の違いを個体差と言い切ってよいのか、不安が残るのである。

続いて、ミトコンドリアDNA型鑑定は非常に感度がよい鑑定である反面、STR型の鑑定では問題にならないような微量のDNAの混入でもコンタミネーションが起こりやすいという問題点がある。

さらに、母系遺伝という特性があることから、母系を同じくする人であれば全て同じDNA型を示すことや、そもそもの型自体の出現頻度がそれほど低くないことなどから、個人識別能力に限界があるという問題点もある。

ミトコンドリアDNA型鑑定を争う場合には、上記のような問題点を意識して検証すべきである。

なお、科捜研では、公式にはミトコンドリアDNA型鑑定を実施していない。実際の裁判で見られるのは、大学の法医学教室などに委託して実施された鑑定であることが多い。

V　おわりに

1　DNA型鑑定結果から認められる事実とは

DNA型鑑定は、その高い個人識別能力から、刑事裁判において決定的な証拠として扱われがちである。

しかし、DNA型鑑定で直接認められる事実は、鑑定対象となった「物質①のDNA型」と「物質②のDNA型」である。DNA型鑑定から、当該人物が犯人であるとかないとかが、直ちに導かれるわけではないことに注意しなければならない。

確かに、「物質①のDNA型」と「物質②のDNA型」がすべて一致した場合、その高い個人識別能力から、「物質①」と「物質②」が同一人に由来する可能性が極めて高いということができ、その限度では高度の信用性を

有する。

しかし、それ以上に、「被告人が犯人である」という事実までただちに認定できるわけではないことは、十分意識しておく必要がある。

2 証拠構造を分析する必要性

例えば、殺害現場となった被害者の自宅から採取された血痕のDNA型と、被告人のDNA型が一致するという鑑定結果が出たとする。しかし、そこから認められる事実は、被告人由来の可能性が極めて高い血痕が被害者宅に存在した、という事実に過ぎない。そこから一足飛びに、被告人が殺害犯人であることまでは推認できないのである。

もともと被害者と被告人は顔見知りであり、別の日に被害者宅を訪れている際に偶然怪我をしただけかもしれない。別の日に被害者とケンカをしたとき鼻血が出たのかもしれない。殺害当日に被害者宅を訪れていたとしても、ケンカをして血を流しただけで、被害者を殺害したのはその後にやってきた別人かもしれない。「被告人が犯人である」という事実を認定するためには、さまざまな事実や証拠を積み上げないとならないのであって、DNA型鑑定はそのうちごく一部の事実を証明するものでしかないことを忘れてはならない。司法研究報告書『科学的証拠とこれを用いた裁判の在り方』でも証拠構造を分析することの重要性が指摘されている。[14]

ここで述べたことは当然のことではあるが、とかくDNA型鑑定は証明力の高さゆえに決定的証拠として過大視される危険性が高いので、注意すべきである。

---

14 司法研修所・前掲注1書19頁以下。

コラム③
DNA型はみんな違う!?

　ヒトのあらゆる組織は細胞で出来ている。個々の細胞の中には核がある。ヒトは、核の中に、合計46本の染色体を持っている。染色体は、父親から受け継いだものと、母親から受け継いだものとが、2本で1対となっている（常染色体22対、性染色体1対、合計23対）。DNA型鑑定は、染色体上に存在するDNAの特定の部位（ローカス）の型を検査するものであるから、父親から受け継いだ型と母親から受け継いだ型が検出されることになる（同じ型を受け継いでいる場合は「ホモ」、違う型を受け継いでいる場合は「ヘテロ」と呼ぶ）。それぞれの染色体の組み合わせは、数限りなくあるので、兄弟であっても同じ組み合わせにはならない。もちろん、父親、母親とも同じ組み合わせにはならない。なので、個人識別が可能なのである。

　例外は、一卵性双生児である。一卵性双生児は、同じ受精卵から生まれているので、DNA型も同じである。一卵性双生児の場合は、高い個人識別能力が発揮されないのである。

　もっとも、一卵性双生児が二人とも事件に関わっているというケースは……、めったにないであろう。

第4章
指紋・足跡等鑑定

I 指紋鑑定

1 指紋の特性と刑事手続における利用

　指紋とは、指の先端部分の表皮にある細い隆線（線状に盛り上がった部分）が作り出した紋様▼1のことである▼2。指紋には、世の中に同じ紋様を持つ者が存在しない（同一人でも十本の指の紋様が全て異なる）という特性がある（「万人不同性」）。また、ヒトが成長するにつれて手や指が大きくなっても紋様の特徴は生涯変わらないという特性がある（「終生不変性」）。なお、怪我をして紋様が一時的に失われても、表皮の下にある真皮が傷つかない限り、指紋は表皮が再生される際に元通りに復元する。

　上記のような特性を持つことから、指紋は、犯罪捜査及び犯人性等に関する刑事裁判の証拠として利用されてきた。かつては、「指紋原紙」と呼ばれる用紙に被疑者等の指にインクを付けて指紋を採取する方法が長く採用されていたが、1998年以降は、ガラス板に置いた手指の紋様をCCDカメラで読み取る装置（ライブスキャナ）が各警察署に整備され、同装置による採取方法が採用されている。

　また、警察庁では、1982年から、コンピュータによって指紋の登録や照合を行う指紋自動識別システムを導入しており、ライブスキャナの採用と相俟って、日本の指紋の照会作業は迅速かつ高い精度を有すると言われている。

1　指先の隆線が押印されてできた像のことを含めて「指紋」と呼ぶこともある。
2　同様に、手の平部分の紋様を「掌紋」、指の関節部分の紋様を「関節紋」という。

図版 4-1 「ライブスキャナ」(左)、「指掌紋自動識別システム」(右)

(警察庁編『警察白書平成 16 年版』〔ぎょうせい、2004 年〕153 頁)

図版 4-2 指紋自動識別システムの概要

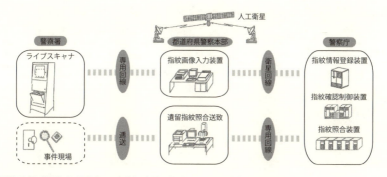

(警察庁編『警察白書平成 16 年版』〔ぎょうせい、2004 年〕153 頁)

2　指紋採取・検出方法の概要

　指紋が「万人不同」かつ「終生不変」であるという特徴それ自体は、公知の事実であると解されている。そのため、実務上問題となるのは、具体的事案における指紋の検出過程や検出された指紋の鑑定過程であることが多い。
　ヒトの指先は、生理現象によって発散される分泌物により常に湿潤しているため、指先が何らかの物体に触れると分泌物により指紋が転写される。しかし、このようにしてできた指紋は通常無色透明なので肉眼で

第 4 章　指紋・足跡等鑑定　95

見つけることは難しい。これを「潜在指紋」と呼ぶ。一方で、血液等が付着した指先でできた指紋は肉眼でも見分けることができ、これを「顕在指紋」と呼ぶ。採取した潜在指紋を目に見えるようにする作業を「指紋の検出」という。

指紋検出方法には様々な手法があるが、どの手法を用いるかは指紋採取を行う現場捜査官の判断で決定される。具体的には、付着した物件の材質や色等に応じて最も効果的に指紋を検出できる方法が採用されることになるが、検出作業によって物件が汚染される程度なども考慮される。

現在の実務においてよく用いられるのは、以下の①粉末法と②液体法である。[3]

なお、指紋は、「水と空気と布以外からは何でも採れる」などといわれることがあるが、付着からの経過時間や保存状態によっても検出の難易は変わってくる。例えば、革製品などは付着から3日程度経過するとそれ以降は検出が難しくなるなどとされる。もっとも、今後の鑑識技術の向上によって従来検出できなかった指紋が検出される可能性はあるだろう。[4]

①粉末法
　アルミニウム系の粉末や付着力に差のある2種類の粉末を混ぜ合わせた混合粉末等を振りかけて、シートに指紋を転写させて採取する方法である。粉末法は、カンやビン、ガラス面など表面がツルツルした分泌物を吸収しない物件（滑面体）の指紋を現場で採取するのに適しているとされている。

②液体法
　ニンヒドリンやエマルゲン等の水溶液を塗布するなどして、化学反応により紋様部分が発色することで指紋を検出する方法である。ニン

3　他にも、シアノボンド等の試薬を加熱蒸気化させて分泌物中の水分に付着させることで指紋を検出する方法（気体法）、紫外線を照射して画像処理を施すことで指紋を検出する方法（光法）などがある。シアノボンド等を用いた気体法は指紋が白色化して検出されるため、白色の物件の指紋検出には不向きとされる。

4　何かしら「触った」痕跡があるもののうち、実際に指紋が検出されるのは平均すると1割前後であると言われる。

ヒドリン法[5]は、紙など分泌物を吸収する物件に用いられ、エマルゲンブラック法[6]は、粘着テープなどの特殊物件に用いられることが多い。なお、液体法は、現場で行うことは難しいことから、対象物件を警察署に持ち帰って実施されることが多い。

3 指紋に関する捜査の流れと作成される証拠

以下に、指紋に関する捜査の流れの概要を紹介する。捜査の実態を理解することで、各捜査の過程で作成された証拠の信用性を検討するポイントがイメージできる。また、検察官に対する証拠開示についても、証拠方法を具体的に特定して行うことが容易になるだろう。

(1) 現場検証・実況見分における現場指掌紋採取

犯罪現場では検証或いは実況見分が実施されるところ、捜査機関は、現場に残された指掌紋、足跡、遺留物件等の位置及び状況を把握すること（犯罪捜査規範90条2号ホ）、犯罪現場で発見した指掌紋等につき年月日や場所を記載した紙面を添付して撮影するなどして証拠力を保全すること（同92条）が義務づけられている。なお、証拠物の領置に際しては、指掌紋等の付着物の破損を防ぐためにできる限り現状のまま保存する適当な方法を講じることが義務づけられている（同111条）。

実況見分調書には、「証拠資料」の項目が設けられ[7]、捜査の過程で領置した証拠物件や採取した資料（DNA型鑑定の資料となる血液や微物など）の種類や個数などが記録される。特に、指掌紋、足跡痕及び血液（或いは「血液様のもの」）等については、それぞれ採取した個数、採取場所（箇所）、採取者並びに検出・採取方法（「EB法」「エマルゲンブラック法」など）が明記さ

---

[5] ニンヒドリンが、体脂中に含まれるアミノ酸と反応すると紫色に変色することを利用して指紋を検出する。
[6] エマルゲン（洗剤などにも用いられる非イオン界面活性剤）と四三化鉄を非水溶媒に混ぜたものを物件に噴霧し水で洗い流すと指紋が検出できる。
[7] 捜査書類は「司法警察員捜査書類基本書式例」に従って作成することとされている（犯罪捜査規範55条1項）。

れることが多い。採取・検出された指紋が多数ある場合には、「検出結果一覧表」が作成されることも多く、採取過程を撮影した写真や模式図が参考資料として実況見分調書に添付されていることもある。

　この点、犯罪現場となった場所のうち、例えば、侵入窃盗事案であれば、進入経路や逃走経路となった可能性のある場所或いは物色された可能性がある場所などは、念入りな指紋採取が行われるのが通常である。一方で、それ以外の場所（箇所）からどの程度の指紋を採取するかは、事件の重大性や捜査の進展等に応じて採取者或いは捜査官が判断しているようである。また、適切に指紋を検出できるかは、指紋を採取する現場捜査官の能力等にも左右される。

図版4-3　「検出結果一覧表」の例

番号	数量	採取番号	印象物件（場所）	採取方法	採取者 係	採取者 氏名	備考
1	1個	1	電話ボックス天板上	アルミニウム粉末 JPシート転写	機動鑑識班	○○○	
2	1個	2	電話ボックス天板上	JPブラック粉末 JPシート転写	機動鑑識班	○○○	
3	1個	3	電話ボックス受話器外側	アルミニウム粉末 JPシート転写	機動鑑識班	○○○	
4	1個	4	電話ボックス受話器内側	JPブラック粉末 JPシート転写	機動鑑識班	○○○	
5	1個	5	電話ボックス土台上	JPブラック粉末 JPシート転写	機動鑑識班	○○○	
6	1個	6	酒自販機	JPブラック粉末 JPシート転写	機動鑑識班	○○○	
7	1個	7	酒自販機	JPブラック粉末 JPシート転写	機動鑑識班	○○○	
8	1個	8	酒自販機札投入口フタ表面	JPブラック粉末 JPシート転写	機動鑑識班	○○○	
9	1個	9	酒自販機札投入口フタ裏面	JPブラック粉末 JPシート転写	機動鑑識班	○○○	

　実況見分調書は、大半の事件で検察官から証拠として請求され、弁護側にも開示されることが多く、弁護人が、指掌紋の有無を知るために目

にする最初の証拠といえる。従って、実況見分調書の記載内容から、どのような捜査が実施され、どのような証拠資料・捜査資料が存在するのかを推測し、必要な証拠については任意の開示等を求めるという姿勢が重要である。特に、当事者鑑定の実施等を検討する場合には、指掌紋が付着していた物件そのもの、実況見分調書に添付されていない採取時の状況を撮影した写真や略図、指掌紋採取に用いられた転写シート等については開示を求めるべきであり、転写シート等が検察官の手元にはないという場合には警察から送致させて閲覧・謄写の機会を求めるべきである。

(2) **被疑者からの指掌紋採取**

　刑訴法218条3項は、身体拘束を受けている被疑者について、令状によらない指紋の採取を認めているところ、指掌紋取扱規則は、警察署長等に対して指掌紋記録等の作成を義務づけている（指掌紋取扱規則3条1項）。また、身体拘束を受けていない被疑者についても、必要があれば、承諾を得て、指掌紋記録等を作成する（同規則3条2項）。

　指掌紋記録等はライブスキャナを用いて電磁的記録として作成され、各警察署・都道府県本部の鑑識課及び警察庁におかれた指掌紋業務端末装置を通じて送信され保管される。このように保管される指掌紋記録のデータベースは、コンピュータによる自動識別システムを用いた指紋照合に利用されることになる[8]（指掌紋取扱規則4条～9条、指掌紋取扱細則参照）。従って、被疑者が身体拘束を受けた場合或いは過去に身体拘束を受けたことがある場合、捜査機関は、過去に作成された被疑者の指掌紋記録等と現場で採取した指掌紋とを直ちに対照することができる。

(3) **現場指掌紋送付・対照作業の流れ**

　警察官が採取した現場指掌紋の対照作業は、概ね以下の様な流れで行われる。

---

8 指掌紋取扱細則（警察庁訓令15号）は、指掌紋取扱規則の定める指掌紋記録の作成（規則3条）・送信（同4条）・照会（同6条3項、同9条3項）等について、ライブスキャナや指掌紋業務端末装置を用いて行うことを定めている。

なお、用語の意味は以下のとおりである(指掌紋取扱規則2条参照)[9]。

「現場指掌紋」:犯罪現場その他被疑者が指掌紋を遺留したと認められる場所(「犯罪現場等」)に残された指掌紋。
「協力者指掌紋(関係者指掌紋)」:被疑者以外の者で、犯罪現場等に指掌紋を残したと認められる者から採取した指掌紋。
「遺留指掌紋」:現場指掌紋のうち、協力者指掌紋に該当しないもので被疑者が遺留したと認められるもの。

ア 警察署長等は、警察官が現場指掌紋を採取したときは、協力者指掌紋と共に、警視庁又は県警本部等の鑑識課長(府県鑑識課長)に送付する(指掌紋取扱規則6条1項)。

イ 府県鑑識課長は、鑑定官(鑑識課員)[10]をして、送付された現場指掌紋から、協力者指掌紋や「識別不能」な指掌紋を除外(選別)し、遺留指掌紋の有無を確認し、その結果を警察署長等に回答する(同規則6条2項〜5項)。

上記ア及びイの過程で作成されるのが「現場指紋等取扱書」「現場指掌紋送付・対照結果通知書」などの名称の以下のような捜査書類である。警視庁と各道府県警によって多少の体裁の違いはあるようだが、警察署長等名義で作成された「送付書」部分と府県鑑識課長名義で作成された「対照結果通知書」部分が一体となった書式が採用されている。同書式の対照結果通知書部分には、遺留指掌紋、協力者指掌紋、識別不能な指掌紋の個数

---

9 元栃木県警鑑識課勤務の齋藤保氏(齋藤鑑識証明研究所代表)によれば、現場捜査官は、まず犯罪現場から可能な限り検出した指紋のおよそ全てを「現場指紋」として扱い、そこから「協力者指紋」を除外した上で、「犯人」の指紋である可能性がある程度認められるものを「遺留指紋」として扱うとのことである。なお、「協力者指紋」であるか否かの特定は、犯人識別ほど厳密な基準によっておらず、例えば5、6点の合致でも認める場合があるとのことである。
10 「鑑定官」は各都道府県警本部長が鑑識課長の推薦等によって指定する警察内部の役職(資格)の名称であり、鑑定業務の経験が5年以上であることや科警研で所定の専科を修了したこと等が指定の条件となっていることが多いようである。

図版 4-4 「現場指掌紋送付・対照結果通知書」の例

```
                    現場指掌紋送付書
                                            平成29年●月●日
  送付番号  ●●号
      刑 事 部 鑑 識 課 長  殿
                                        ●●警察署長
  次の事件に関し、採取した現場指掌紋を送付する。

  被害者   氏 名              年齢         職業
           住 所

  発 生 場 所   千葉県●●市●●町●●号  ●●方居宅内
  発 生 日 時   平成29年5月9日 午後5時55分ころ
  罪     名   強盗致傷           手  口
  受 理 番 号   平成29年第●●号   公 訴 時 効   平成●●年●●月●●日
  事件の概要                   略）
  送 付 資 料   7個 別表のとおり）  採 取 日    平成●●年●●月●●日
  参 考 事 項
```

```
                  現場指掌紋対照結果通知書
  鑑現指  第●号                         平成29年●月●日
     ●●警察署長殿
                                      刑 事 部 鑑 識 課 長
  現場指掌紋の対照結果は、下記のとおりであるから通知する。

     1 遺留指（掌）紋と認められるもの ‥‥‥ 7個 指掌紋1、2、6号、掌紋7号）
     2 被害関係者に符号するもの ‥‥‥‥ なし
            他は不鮮明により識別不能である。
```

や採取番号等が手書きで記入される。指掌紋の送付から対照結果通知書の作成までは、数日から1週間程度かかることが多いようである。遺留指掌紋については、判明した手指掌の別（右手か左手か、何指か等）も記載されることもある。

なお、「遺留指掌紋」という用語における「被疑者が遺留した」とは、特定の人物としての被疑者を前提とするものではない。従って、例えばサンプルの対照結果通知書に「遺留指紋　7個」とあるのは、「(被害者やその関係者等の指紋では無く)『犯人』が残したと捜査機関が考える指紋が7個採取された」という意味合いである。

　ウ　指掌紋確認通知書・鑑定書
　鑑定官による上記の対照作業の結果、遺留指掌紋の存在が確認された場合、府県鑑識課長は、指掌紋記録のデータベースに照会をかけ、データベース上に遺留指掌紋と合致する該当者がいないか或いは被疑者（ここでは、捜査機関が嫌疑をかける特定の人物としての被疑者）の指掌紋との合致があるかを照合し、その結果を警察署長等に通知する（指掌紋取扱規則7条～9条）。
　この際に作成される簡易な書面が、「(遺留)指掌紋確認通知書」である。
　この指掌紋確認通知書を作成するにあたって、鑑定官は、後記4(2)記載の「12点基準」等に則った対照作業を行い、その結果として合致するとの判断に至った指掌紋を記載しているとみられる。▼12
　しかしながら、同通知書は、対照結果を速やかに報告するために作成されるものであるため、鑑定官の氏名等は記載されているが、対照作業の過程や識別の根拠等は記載されず、作図写真等も一切添付されていない。従って、弁護人の立場からすれば、この指掌紋確認通知書のみで、指掌紋が合致するとの事実が十分に立証されていると決めつけてしまうことは軽率に過ぎるであろう。
　遺留指掌紋が特定の被疑者等の指掌紋と合致することを立証するため

11　氏名を指定した被疑者の指掌紋記録と遺留指掌紋の対照を依頼することを「指名照会」という（指掌紋取扱規則8条）。
12　指紋自動識別システムによって、指掌紋の照合は第一次的には同システムを用いて実施されている。具体的には、コンピュータが登録されたデータの中から、照合の対象となる指掌紋と特徴が共通する指掌紋を検索し、特徴が一致する程度の高いものから順位付けする形で特定できるシステムが構築されているといわれる。もっとも、最終的な合致の有無の判断は、鑑定官が行っている。

図版 4-5 「指掌紋確認通知書」の例

```
                                           鑑現指確第●●号
                                           平成29年●月●日
    ●●警察署長　殿                  刑事部鑑識課長

              指 掌 紋 確 認 通 知 書

     現場指掌紋送付書 平成29年●月●日付け ●● 警察署長送付 ●●号）により送付された強盗致傷被疑事件
     （受理番号平成29年●月●日）の指掌紋を対照したところ、次のとおり符合することを確認したから通知する。
                          記
```

対照資料	① 指紋記録等 ② 掌紋記録等 ③ 指紋票 ④ 指紋原紙 ⑤ その他 （　　）	記入事項	作成番号	●●警察署 平成29年 第●●号		
			氏　名	●●●●	異名	
			生年月日	昭和●●年●月●日	職業	
			本　籍	略）		
			出生地	略）		
			住　所	略）		

	現場指掌紋送付書の採取番号	対照資料の手指掌別等
符合する指掌紋	1	左手示指・中指・母指指紋、右手環指指紋
	2	左手示指指紋
	5	左手母指指紋
	8	右手掌紋

対照者	鑑識課 鑑定者　●●●●　印	検査者	鑑識課 主任鑑定官　●●●●　印

注） 1 対照資料欄は、該当項目の数字を○で囲むこと。
　　 2 作成番号欄は、対照資料の作成番号を記入する。
　　 3 記入事項欄は、対照資料に記入されている事項を記入すること。

現場指掌紋対照結果通知書 平成29年●月●日付鑑現指第5−●●号）

に作成される証拠として重要なのが「鑑定書」である。鑑定書を検討するポイントについては後述する。

　ここで指摘しておきたいのは、指掌紋確認通知書は大多数の事件で作成されているが、鑑定書については、否認事件やいわゆる重大事件を除けば当然には作成されないことの方が多いということである。これは、主として鑑定官の業務量の多さに起因するものだと考えられる。捜査を指揮する検察官も、指紋の有無等に関する事実が立証に特段意味を持た

第4章　指紋・足跡等鑑定　103

ない場合にまで、鑑定人に鑑定書の作成を求めることはないだろう。逆に言えば、弁護人としては、指紋の有無等に関する事実が、依頼者にとって有利な事情となり得るのであれば、積極的に鑑定書の作成を求める或いは当事者鑑定を実施することを検討すべきである。

4 指紋鑑定の検討

(1) 指紋鑑定の基本的な発想

現在日本の犯罪捜査及び刑事裁判の証拠として一般的に用いられるのは、「特徴点鑑定」と呼ばれる鑑定方法である。▼13 特徴点鑑定とは、隆線が、始まったり（「開始点」）、止まったり（「終止点」）、接合したり（「接合点」）、分岐したり（「分岐点」）する箇所を特徴点として捉え、その特徴点の比較によって指紋を識別する方法である。人の指には弾力があり、同一人物の指紋であっても押捺の力加減等によって完全には一致しないことは珍しくない。そこで、特徴点の相対的な位置関係に着目するのがこの方法である。なお、1個の指紋の特徴点は、概ね100～120個程度存在するとされている。

(2) いわゆる「12点法則（12点基準）」

特徴点指摘法を採用する場合、いったい何個の特徴点が一致すれば合致したと判断できるかが問題となる。この点、1979年以降、日本の警察の鑑識課が採用しているのが、いわゆる「12点法則（12点基準）」であり、「二つの指紋を同一であると鑑定するには、12個の一致する特徴点を指摘しなければならない」とされている。▼14 12点法則の妥当性については、1個の特徴点が合致する確率が「10分の1」であるという経験則に基づき12点合致する確率が「10の12乗＝1兆分の1」になること及び警察庁が採取

---

13 他に、「汗腺孔鑑定法」、「スーパーポーズ法」等があるが実施されることは少ない。
14 警察庁は、1979年12月、公的な立場からは不文律ながらも「皮膚紋理鑑定基準12点法則」を設け、「『二つの指紋を同一であると鑑定するには、12個の一致する特徴点を指摘しなければならない』とし、付帯事項として『矛盾点がないこと』を目安に運用されている」（齋藤保『弁護人のための指紋鑑定』（現代人文社、2013年）26頁。

図版 4-6　鑑定書の例

鑑定書

1　指紋に対する概念
(1)　指紋の特性
　指紋とは、指の末節部において皮膚が隆起した線（以下「隆線」という。）により形成される紋様である。
　隆線には曲、直、短、長さまざまな隆線の端点、分岐する点がその指紋固有の特徴（点）であり、この特徴点が12個一致する指紋は、他に存在しない。
　さらに紋様は、身体の成長や歳月の経過によって変化を生ずることは全くないということが、指紋研究者の実験や研究によって確かめられ「万人不同」、「終生不変」という『二大特徴』が認められている。
(2)　指紋の鑑定
　二つの指紋の隆線特徴の形状、隆線特徴相互の位置関係を専門的知識と経験則に基づいて比較対照して異同識別を行うものである。
　この異同識別において、二つの指紋に共通する12個の特徴点が指摘でき、かつ、隆線の形状やすう勢に相違がない場合、指紋の特性から二つの指紋が符合することが証明される。
　なお、このような指紋の特性は、これと生物学的発生が同じである皮膚紋理と称される掌紋、中節紋、基節紋、及び足紋もまた同様の特性と価値を有している。
2　鑑定事項
　下記鑑定資料(2)の遺留指掌紋3個は、同(1)の指掌紋資料のうち、いずれかと符合するかどうか。
3　鑑定資料
(1)　Aの指掌紋資料　　　　1枚
　　ただし、平成29年〇月〇日警視庁〇〇警察署作成第〇〇号
　　本籍　（略）
　　氏名　　A　　昭和〇〇年〇月〇日生
(2)　遺留指掌紋　　3個
　　ただし、鑑定嘱託書【平成29年〇月〇日〇〇、鑑第〇〇〇〇号】の鑑定資料(2)の遺留指掌紋3個に該当するもの。
4　鑑定経過及び理由
　本件鑑定資料(1)及び同(2)の指掌紋を拡大鏡を用いて対照検査したところ、それぞれ両者の隆線特徴が相互に極めて類似すると認められたので、写真に拡大して更に厳密な検討を加えた結果、別添の拡大写真に付した朱点1から12までの12個の特徴点が共通して指摘できたので符合することが証明された。
5　鑑定結果
(1)　前記鑑定資料(2)の1の遺留指紋は、同(1)のAの右手母指と符合する。
(2)　前記鑑定資料(2)の2の遺留指紋は、同(1)のAの右手掌紋と符合する。
(3)　前記鑑定資料(2)の3の遺留指紋は、同(1)のAの左手掌紋と符合する。
6　鑑定期間等
(1)　本鑑定は平成29年〇月〇日に着手し、平成29年〇月〇日に完了した。
(2)　本鑑定書には、指紋資料の謄本1枚と写真記録6枚を添付する。
以上のとおり鑑定する。
　平成29年〇月〇日
　　　　　　　　鑑定人警視庁刑事部鑑識課
　　　　　　　　指紋鑑定官　　　　　　　△　△　△　△　㊞

した指紋原紙を用いて行った統計などが根拠となっており、諸外国でも12点法則を採用している国が多いとされる。

実務上も、鑑定官が作成する鑑定書において、指紋が同一であるとの鑑定結果となっている場合には、必ず12個の特徴点の一致が指摘されていることがわかる。[15]

図版4-7 指紋を形成する線の種類

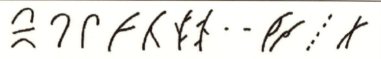

(1) 通過線（どの線にも接合しないで通過する線）
(2) 開始線（時計回りに円又は弓状に回転する線で、起点すなわち開始点のある線）
(3) 終止線（時計回りに円又は弧状に回転する線で、終点すなわち終止点のある線）
(4) 分岐線（一本の線が二つに分岐し、又は一本の線と他の線が叉形を形成する線）
(5) 接合線（分岐線と逆の流れとなる線）
(6) かぎ状線（短い線がかぎ状に接する線）
(7) 点（縦横ほぼ同一の線）
(8) 短線（長さの短い線）
(9) 島形線（島の形を形成する線）
(10) 点状線（点が連続する線）
(11) 交叉線（二つの線が交叉する線）

（三好幹夫「指紋の証明力」判例タイムズ752号〔1991年〕43頁）

(3) **指紋鑑定を検討する具体的なポイント**

ア 「12点未満合致」の指掌紋の検討

現場指紋のうち、採取したものの一見して他の指紋との対照に用いることができないとみられる程に不鮮明な指紋は、「識別不能」とされ、遺

---

15 上記『弁護人のための指紋鑑定』27頁以下参照。

留指紋とは区別される（上記3(3)イ参照）。特段の事情がなければ、このような遺留指紋としても扱われない程に不鮮明な指紋について証拠価値を見出すことはできないだろう。

　そのことと区別して考えるべきは、遺留指紋として被疑者等の指紋と対照したが、合致する特徴点が12点未満であった指紋の扱いである。この点、12点法則を厳格に適用した場合、このような指紋も原則として「鑑定不能」として扱われることとなる。しかし、12点法則に固執し、12点を満たすか否かで証拠価値を「0か100か」で決めてしまう発想に合理性がないことは、そもそも12点法則の妥当性の根拠があくまで経験則や統計的なものでしかないことからも明らかであろう。

　12点法則は、あくまで捜査機関が確実に刑事訴追を行うために必要であるという視点で採用する基準に過ぎないのであり、弁護人がその基準に機械的に従う必要はない。

　例えば、現場或いは凶器等から検出された指掌紋について「鑑定不能」との鑑定結果であっても、実際には被告人以外の第三者の指紋と合致する特徴が11点存在しているという場合もあり得るということである。弁護人としては、再鑑定や当事者鑑定の実施によって、「鑑定不能」と判定された指掌紋の中から、被告人にとって有利な証拠が発見できる可能性があるということを知っておくべきである。▼16

イ　「指紋不存在」について

　犯行現場に被告人の指紋が存在しないこと（遺留指紋が被告人の指紋と「不合致」の場合とそもそも遺留指紋が採取されない場合とがある）は、被告人の犯人性を否定する或いは虚偽の自白の信用性を争う重要な事実となり得る。

　もっとも、指紋が検出されるかは、採取や鑑識の技術的な限界という

---

16 齋藤保氏は、特徴点の一致が12点に満たないが複数の合致特徴点があり、かつ、矛盾点がない場合を「合致状態」と呼称し、一定の証拠価値を認めるべきであるとの見解を示している。また、相違点が3点あることを「不合致」の鑑定基準とすることが相当であるとの見解を示している。齋藤・前掲注14書第5章参照。

第4章　指紋・足跡等鑑定　　107

制約によるところがある。当該事件にどの程度の時間や人員を割けるかという捜査の実情も度外視はできない。現に、弁護人が指紋不存在の事実を主張する場合に、検察官が「犯人の指紋が採取されないことは往々にしてある」という反論をしてくる（場合によってはその様な趣旨の証言を捜査官等にさせる）ことは珍しくない。

　従って、指紋不存在の鑑定結果を、弁護側の立証に用いようとする場合には、「この様な事実を前提にすれば、被告人の指紋が採取されないことは不自然・不合理である」といえる必要がある。具体的には、指紋の検出を試みた物体の材質・性状、被告人の発汗状態に影響を与える気温・湿度・運動量・精神状態、（目撃証言や虚偽自白の内容を前提とした）犯人の行動（物色状況、凶器の握持の状況など）、指紋採取までの現場の保存状況、現場指紋の採取状況・鑑定状況等を検討することになるだろう。[17]事案によっては、上記の事情について、条件を同一にしての（再）鑑定（或いは検証）を実施することを検討すべきである。

ウ　「別機会付着の可能性」

　現場の遺留指紋が被告人の指紋と合致するとの鑑定結果自体を覆せない場合でも、それが犯行時とは別の機会に付着したこと（或いはその蓋然性）を明らかにできれば、指紋鑑定の証拠価値は全く異なってくる。特に、被告人が別の機会に付着した理由・状況について説明できる場合に、被告人の説明と鑑定結果が整合する或いは矛盾しないことを具体的に立証することで、指紋鑑定の結果を弁護側に有利な証拠として用いることさえできる。

　例えば、本当に犯行時に付着した指紋であれば「このような場所にあるはずがない」とか「このような触り方をするのは不自然である」といった主張につながる指紋の付着状況（指掌紋の向き、相互の位置関係、付着時の

---

[17] 三好幹夫「指紋の証明力」判例タイムズ752号（1991年）49頁。潜在指紋の自然的変化に影響を与えるものとして、個体の条件（印象者の分泌物の質量）、指紋印象時の条件（押圧力、物体に触れていた時間）、印象物体の条件（種類及び材質、とくに表面の滑粗・吸湿性）、現場指紋の存置条件（保存した温度・湿度・風雨の影響）等。

力の強さ〔圧力〕等）がないかを検討するべきである。もっとも，弁護人がそのような主張を行う場合には，当該主張が科学的に妥当であるかを専門家に確認すべきであり，必要に応じて意見書の作成や証人出廷など専門家に立証へ協力してもらうことが望ましいだろう。

II 足跡鑑定

1 足跡の特性と刑事手続における利用

　刑事手続における足跡とは、「素足、履物等のこん跡又はそれを採取したものをいう」（足跡取扱規則2条1号）。ヒトの足には指掌紋と同様に個々人ごとの足紋が存在するが、犯罪現場等に遺留され、実際に捜査資料となることが多いのはほとんどが履物のこん跡である。従って、指掌紋やDNA型と比較して、足跡の犯人識別証拠としての証明力は相対的に低いといえる。一方で、足跡は、指紋や毛髪等よりも、「犯人」にとって意図的に遺留しないようにすることが困難であるという特徴があるため、特に初動捜査の端緒として用いられることは多く、公判の証拠となることも少なくない。

　また、室内に履物の足跡が遺留されていることによって不法侵入であることが推認されるなど、事件性の立証に用いられることも多いという特徴がある。

2 足跡採取・検出方法の概要

　足跡は、土や雪などのやわらかい場所を踏んだときに残る場合（立体足跡）と木やコンクリートなどの固い場所に印象される場合（平面足跡）がある。指紋と同様に、肉眼で見つけることが難しいものは潜在足跡と呼ばれる。

　足跡の採取方法には、粘着シートを足跡の印象面に押し付けて転写する方法や、立体足跡に石膏等を流し込んで固めて採取する方法、潜在足

跡を静電気や試薬を用いて採取する方法などがある。

3　足跡に関する捜査の流れと作成される証拠

　足跡は古くから捜査資料や裁判の証拠として用いられてきたが、現在の捜査機関は、1979年制定の足跡取扱規則（国家公安員会規則6号）及びそれを受けて各都道府県警が定めた足跡取扱規程等に従って、足跡の採取や保管等を行っている。
　現場検証や実況見分における現場足跡の採取や証拠化については、指掌紋の場合と同様である。
　足跡取扱規則には、警察署長等や府県鑑識課長等が、遺留足跡や関係者足跡[18]について、写真票等を作成し保管し、必要な捜査の照会・手配に供するための手順等を定めている。
　なお、指掌紋と異なり、被疑者からの足紋の収集については、必要があると認めるときに行うとされており（足跡取扱規則11条参照）、実務上は侵入犯罪等の場合に足紋を収集する必要性が高いと考えられているようである。
　また、指掌紋と異なる特徴として、捜査機関は、府県鑑識課長をして、当該都府県方面の区域内において製造された履物について履物底写真票を作成し、保管することを義務づけており（足跡取扱規則7条）、当該地域の履物底写真のデータベースが作成されている。
　指掌紋と同様に、府県鑑識課長は、警察署長等からの照会を受けて、遺留足跡や被疑者足跡等の対照を行い、対照結果通知書等の書面によって回答する。これらの照会書や通知書等については、検察官請求証拠として開示されないことも多いので、類型証拠開示請求等で漏れなく開示することを求めていくべきである。
　指掌紋と同様に、足跡に関する鑑定書もすべての事件で作成されている訳ではなく、実際には、検察官が足跡鑑定の結果を有罪立証に用いる

---

18 「現場足跡」「遺留足跡」等の用語の定義については足跡取扱規則2条各号を参照。

可能性がある場合にのみ、鑑定が嘱託されているとみられる。現在の実務では、鑑定書の作成は、鑑定官が行うのが通常である。

4 足跡に関する鑑定書を検討するポイント

(1) 足跡鑑定の原理と主な鑑定手法

　足跡鑑定（ここでは、ある遺留足跡が被疑者等の使用していた履物によって印象されたものであるか否かが鑑定事項である場合を念頭においている）の手法には、フィルム等に転写した足跡同士を重ね合わせて異同を識別する「重合法」、特徴を指摘することで異同を識別する「指摘法」、特徴の形状・位置、特徴相互間の距離・角度を測定して、一致の程度をみる「計測法」等があるが、[19] 基本的には、いずれの手法も、遺留足跡と履物とを比較対照し、履物自体に存在する固有特徴に着目するものといえる。

　履物は通常工場等で大量に同じ製品が生産されるという特徴がある。しかし、大量生産される履物であっても、他の履物と識別するに足る固有の特徴が存在する場合があるというのが足跡鑑定の考え方である。具体的には、靴の商品種類やサイズ等に加えて、「使用特徴」と「製造特徴」と呼ばれるものがある。「使用特徴」とは、履物を人が使用することによって底面の紋様に生じる摩耗、亀裂等のことである。使用者が長期間使用することによって歩行癖、使用場所等に応じた固有の損傷等が生じることによって、識別できるという考えである。「製造特徴」とは、履物が製造される過程において生じる特徴のことで、工場で成型する工程でできる気泡痕などが代表的なものである。

　指掌紋と異なり「万人不同性」及び「終生不変性」の特徴をもたない足跡の鑑定においては、上記のような「固有の特徴」を有する履物かどうかによって、その証拠価値や鑑定結果の信用性にも大きな差異が生じるということに留意すべきである。

---

[19] 中川美雪編『実例　検証・実況見分・鑑定の実際』（立花書房、2014年）137頁。

(2) 鑑定結果の表現の種類

　足跡鑑定の鑑定結果（鑑定主文）は、「資料1採取番号5の足跡は、資料4右スニーカーにより印象された可能性が高い」などの表現で、比較対照した2つの資料が同一のものであるか否かの程度について、いくつかの段階に応じた表現で言い表される。このような表現や分類の仕方は、各鑑定人の経験や地域等によって異なる可能性があるため、注意が必要である。一例として、以下のような段階を示す表現或いは鑑定書での言い回しがある。

ア 「一致」
　鑑定資料双方の大きさ及び模様の形態等に相違がない＋共有する固有の特徴が指摘できる。
　「資料〇は、資料△の足跡である（資料△によって印象されたものと認める）」など。

イ 「一致の可能性あり」
　鑑定資料双方の大きさ及び模様の形態等に相違がない（ただし、その程度には幅がある）。
　「資料〇は、資料△の足跡である可能性が極めて高い（可能性が高い、可能性がある）」など。

ウ 「判定不能」
　一致の可能性ありとまで認定できない場合。
　「資料〇が、資料△の足跡であるかは判定できない」など。

エ 「対照不能」
　鑑定資料が不鮮明で対照不能の場合。
　「資料〇が不鮮明であるため、資料△の足跡であるか否かは対照できない」など。

オ 「不一致」
　鑑定資料双方の大きさ及び模様の形態等が相違する場合。
　「資料〇は、資料△の足跡ではない（資料△によって印象されたものではない）」など。

5　足跡鑑定を争う具体的なポイント

(1)　指紋と共通するポイント

　被告人の足跡が不存在である（鑑定結果が「不一致」である）ことや「別機会付着の可能性」を検討すべきことは、指紋鑑定を争うポイントとも共通する。
　この点、足跡には、住宅構造や道路の舗装状態等にも左右されるが、路面の状況等によっては、犯人にとって犯行現場にその痕跡を残さない工作をするのが難しいという特徴がある[20]ことから、「通常存在するはずの足跡が存在しない」という主張が強い説得力を持つ場合がありうるだろう。
　また、同じ履物を他人が使用し得ることや、同じ痕跡を印象する別の履物が存在する可能性があることなどから考えれば、「別機会付着の可能性」も指紋やDNAと比較して、幅広く考えることができるといえる。

(2)　「固有の特徴」性を争う

　上記鑑定結果の表現からもわかるとおり、履物が鑑定資料となっている足跡鑑定の場合には、履物に固有の特徴が存在するか及び当該固有の特徴が対照された足跡の方にも確認できるか、ということが決定的に重要になる。逆にいえば、共有する固有の特徴が指摘できなければ、いくらサイズや靴底の紋様が完全に一致していても、同じ製造過程で生産された他の同種履物とも一致する以上、その証明力はそれほど大きいものとはいえないと判断されることとなる。
　従って、鑑定人が「固有の特徴」であると指摘する摩耗や損傷等があっても、本当にそれが当該被告人の履いていた靴にしかないといえる特徴なのか、同程度の期間使用していれば他の同種履物にも生じていた可能性があるものではないか、という視点での検討が重要となる。少なくと

---

[20]　三井誠『刑事手続法(Ⅲ)』（有斐閣、2004年）185頁。

も，実務をみる限り，靴底の摩耗や損傷等の仕方について調査した統計等の客観的な資料に基づくものではなく，「固有の特徴」か否かも鑑定人の個人的な経験や知識或いは印象に基づいて判断されているという実態がある。例えば，単に摩耗具合が矛盾しないという程度の特徴について，鑑定人が明確な根拠も無く高い識別性があるかのような意見を述べる場合には，反対尋問や弁論において，当該証言の信用性や足跡鑑定の科学的証拠としての価値が乏しいことを適切に指摘すべきであろう。

(3) 当該履物の流通量等を調べる

鑑定資料となる履物と同製品の物が、事件当時社会内特に現場周辺の地域にどれだけ流通していたかという事実は、被告人以外にも同じ足跡を印象できた可能性のある人物がどれだけ存在したかにつながる重要な事実といえる。足跡鑑定それ自体の手法や分析過程に弾劾の糸口がないという場合でも、履物の流通量に関する立証によって、相対的に足跡鑑定の証拠価値を減殺することはできるだろう。

具体的な証拠収集方法としては、弁護士会照会等で、被告人が当該履物を購入した販売店やメーカーに確認するという方法がある。必要に応じて「製造特徴」に関する事実関係を確認すべきこともあるだろう。事案によっては、捜査機関が同様の捜査を行っていることもあるため、証拠開示も行うべきである。

III 個人の識別等に関するその他の鑑定

1 個人の識別等に関するその他の鑑定手法及び近年の動向

指紋足跡鑑定やDNA型鑑定以外に、犯人識別や特定のために用いられる捜査としては、以下の捜査手法がある。

(1) 筆跡鑑定

人が書く字の固有の特徴（筆跡個性）に着目し、執筆者が同一であるかを

判断する手法である。鑑定人としては、書家や警察関係者等が選ばれることが多い。

(2) 声紋鑑定

人が話す声の音波の強さや周波数を分析し、話者を識別する鑑定手法である。具体的な分析作業は、サウンドスペクトログラフ（ソナグラフ）と呼ばれる周波数分析装置を用いて、コンピュータ処理されて行われる。

(3) 画像識別鑑定（顔画像識別鑑定）

防犯カメラ等で撮影された画像と別に取得した被疑者の外貌その他の画像[21]を照合し、その異同を識別する捜査手法である。中でも、中心的なものは、顔画像識別鑑定である。

顔画像識別の方法としては、顔型や顔の部位（眉、眼、外鼻、口唇部、耳介等）の特徴について、形態学的に比較したり、各部位を計測・数値化するなどして、異同を判断する手法がある。また、対照する顔画像を重ね合わせて比較する手法（スーパーインポーズ法）も多く用いられている。最近では、一部の警察署に、被疑者等の顔貌を三次元画像として作成できる特別なスキャナが配置されており、従来よりも高い精度での異同識別が可能となっているといわれる。

2 注意点

上記の鑑定手法は、いずれも、指紋やDNA型など、鑑定資料に極めて高い個人識別可能性がある鑑定手法と異なり、当該鑑定結果だけで、犯人性等を認定する「決め手」になることは少なく、あくまで補助的な証拠の一つとして或いは単に犯行前後の行動や所在等を立証するために証拠請求されることが多い。

ただ近年は、防犯カメラや車載カメラ等の急速な普及に伴い、画像識

---

[21] 例えば、車両ナンバープレートの数字の解析などが多く実施されている。

別鑑定が捜査資料及び裁判の証拠として用いられることが増えているところ、事案によっては、検察官立証の柱のひとつとなることもあり、従来よりもその検討に注意を要する事案が増えていることも事実である。

　この点、録音録画機器の性能は従来よりも向上しているとはいえ、画素数が低い、明るさ・距離・撮影時間などの撮影条件が悪い等の事情から、撮影された画像が比較的不鮮明なケースは少なくない。そのような画像について、捜査官や捜査機関から嘱託を受けた学者等の「専門家」が、資料映像の人物と被疑者が「同一人と断定できる」「同一人である可能性が極めて高い」などと、いかにも犯人性が強く推認されるような表現で結論付けた鑑定書を作成するということがある。そのような鑑定書の中には、「復元」や「鮮明化」といった名目で行われる映像加工の理論的根拠が不明確であるものや、明らかに不十分な根拠のみによって断定的な結論を導いているものも少なくない。また、画像を分析して得られた情報だけでなく、捜査機関から聞き及んだとする情報を前提にして、同一性を肯定するものなど、専門性や中立性に疑問がある内容の鑑定書も散見される。

　弁護人としては、このような鑑定書について、科学的原理の理論的正確性が十分に認められているか、具体的な鑑定実施方法が本当に科学的で正確か、更に鑑定を実施した人物が本当に必要な経験や知識を備えているかを十分に検証し、安易に証拠能力や証拠価値を認めさせないよう注意しなければならない。

コラム④
水と空気と布以外からは何でも採れる？

　指紋の採取がいつまで可能かというのは、付着した物質が何かによって大きく左右される。
　採取しやすいのは、陶器やガラスなどの滑面体（表面が滑らかな）の物であり、例えば、木材であっても、かんなで削ったような滑らかな表面のものであれば採取可能である。
　室内にある物に付着した指紋は、通常1カ月後くらいから劣化が始まり、半年程度で完全に採取できなくなる。採取できなくなるまでの期間の長さは、光が当たるかという点や、乾燥の度合いによって変わる。一方、屋外の物質については、3日から1週間程度で採取できなくなる。
　なお、紙類の潜在指紋は、指先の油分に含まれるアミノ酸が紙の繊維に残っていれば採取できるため、保存状態が良好であれば、数十年前の指紋でも採取できる可能性がある。
　ちなみに、衣服などの布類からはほとんど指紋が採取できない。専門家によれば、衣服で指紋が採取できたのは「糊のきいたワイシャツの襟くらい」とのことである。
　また、皮膚に付着した指紋については実験レベルでは採取できたことがあるそうだが、実務での採取例は聞いたことがないそうである。

第5章
薬物・毒物鑑定

I 違法薬物の種類とその解説

1 覚せい剤

　覚せい剤とは、覚せい剤取締法2条により定められた物質の総称のことで、主たる物質はフェニルアミノプロパン、フェニルメチルアミノプロパンの2種類である。
　覚せい剤は、白色無臭の結晶または粉末で、苦みがあり、水に溶けやすい化学的特性を有する。薬理作用は、強い中枢神経興奮作用や覚せい作用を示すとともに食欲減退作用を示す。副作用の重大なものとして依存症がある。
　体内に摂取された薬物は肝臓で代謝され、水に溶ける形に変化して尿などによって体外に排泄される。覚せい剤は、成分であるメタンフェタミンが変化することなく体外に排泄される量が多い。ただし、そのメタンフェタミンだけを検出しても、尿への外部からの汚染を否定できないから、覚せい剤が体内に入った証拠としてその代謝物であるアンフェタミンの検出の有無が重要となる。このアンフェタミンの量によって覚せい剤の使用時期が特定される。
　このメタンフェタミンないしアンフェタミンは、覚せい剤を服用しなければ人間の体内で合成されることはほとんどない。覚せい剤原料の覚せい剤と化学式で類似の骨格を持つ物質を摂取した場合にメタンフェタミンないしアンフェタミンが合成されるケースの報告例があるが、ほとんど起こりえない。

2 麻薬

　麻薬とは、麻薬及び向精神薬取締法2条により定められた物質のことで、同法律の別表に掲げられている74種類の薬物に加え、政令で定められた100種類の薬物を合わせた174種類の薬物を指す（2016年7月15日時点）。
　この麻薬指定を受けている薬物には多種多様の薬理作用を持つ物質が混在しており、アヘンやモルヒネ、コカイン、錠剤型の合成麻薬のMDMAなどがある。
　アヘンは、けしの未熟果に浅く切り傷を入れて流れ出てきた乳液を凝固させ、これを竹べらで掻き取り、乾かした濃茶褐色の固形物を粉末としたものである。アヘンにモルヒネが含まれており、鎮痛作用、鎮静作用、呼吸抑制作用、鎮咳作用など中枢神経抑制的に作用する。
　コカインは、コカの葉に含まれる成分で、少量服用の場合、薬理作用は覚せい剤と似ていて、交感神経系を活性化し、多幸感、食欲低下、興奮状態などを引き起こす。大量に服用すれば麻酔と同様の効果となる。
　MDMAは主に錠剤で流通されているもので合成麻薬または錠剤型麻薬と呼ばれる場合もある。薬理作用は中枢神経興奮作用を持ち、知覚を変容させる。
　これらの物質の摂取の有無は、人体から排泄された尿を検査するなどによって、麻薬及び向精神薬取締法で指定された物質を検出することで判断される。

3 大麻

　大麻とは、大麻草（カンナビス・サティバ・エル）及びその製品をいう。また、大麻草の花、茎、種子、葉などを乾燥し切り刻んだ混合物のことをマリファナという。大麻は知覚の変容と中枢神経抑制作用を併せ持つ。薬理作用として心拍数の増加、結膜血管のうっ血、口渇、異常な空腹感、

甘味の要求などがある。また、夢幻的陶酔状態となり、非現実感、多幸感、空間および時間感覚の歪曲などがみられる

　大麻は植物体またはその製品であることから、形態の比較や検鏡等の植物学的試験によりその同定が可能である。また、大麻植物には他の植物から検出されないカンナビノイドという一群の特異成分が存在する。この大麻特有の成分であるカンナビノイドを確認することが大麻と判定する根拠となる。

　植物学的試験では、形態の比較として葉及び茎等の形状を大麻草の特徴について観察し比較検討する。顕微鏡を用いた試験（検鏡）では、主として剛毛の形状や腺毛等の観察確認を行う。剛毛が大麻草の特徴の1つである。

　大麻成分の確認試験法としては、呈色試験法、薄層クロマトグラフィー、ガスクロマトグラフィー、ガスクロマトグラフ・質量分析法等がある。

　検査に用いられる形状は、原植物または植物片、樹脂（大麻樹脂）、液状物質（液状大麻）などに大別できる。いずれの形状であっても、大麻と判断するためには、植物学的試験による大麻の特徴または大麻成分の確認が必要となる。

4　危険ドラッグ

　「危険ドラッグ」は、覚せい剤や麻薬の成分に化学構造を似せて合成された物質あるいはそれを添加したもののことで、覚せい剤や麻薬と類似の薬理作用を有する。規制薬物の化学構造の一部を変容することで規制から逃れている。

　危険ドラッグは、その危険性に関する科学的なデータがそろえば「麻薬」としての規制が可能であるが、そのための依存性の証明のために動物実験等が必要であり迅速な対応が容易でない。そこで危険ドラッグ対策として2006年の旧薬事法改正により、「指定薬物」制度による規制が導入された。指定薬物とは、「中枢神経系の興奮もしくは抑制または幻覚の作用を有する蓋然性、かつ、ヒトの体に使用された場合に保健衛生上の危害

が発生するおそれのある物」として厚生労働大臣が指定する物質である。2016年6月末時点で2345物質が指定薬物として規制されている。

　法規制を受ける薬物は原則的に化学構造に基づいた指定となっている。そのため、特定の危険ドラッグを規制しても、その化学構造の一部を変換した化合物が新たに登場して次から次へと流通しており、規制が後手にまわっている現状にあった。しかし、指定薬物の迅速な指定や包括指定制度の導入がなされた結果、販売店が全て閉店するに至った。

　また、危険ドラッグは無承認無認可医薬品に該当し、医薬品医療機器等法（薬事法から名称変更）違反による取り締まりが可能である。しかし、販売主等が危険ドラッグを「観賞用」や「芳香剤」などと称することも多く、人体摂取目的である医薬品に該当するか争われることがある。この場合、人体摂取目的について、商品パッケージの表示の不自然さや高価で販売されていたことなどの間接事実による立証がなされることになる。

図版 5-1　乱用される薬物の性質

薬物	興奮（upper）	抑制（downer）	知覚の変容	幻覚
覚せい剤	○			
MDMA錠剤型麻薬	○		○	
大麻		○	○	
モルヒネ系麻薬		○		
コカイン	○（少量）			
LSD & サイロシビン				○
睡眠薬等		○		
有機溶剤		○	○	○
指定薬物	○		○	○

II　毒物の種類とその解説

1　アルコール

　アルコール摂取による主な中毒作用は中枢神経系の麻痺である。酩酊の程度が進行すると、運動系の調節ができなくなるため、呂律が回らな

くなる、足下がふらつくなどの状態となる。致死量は一般的に300グラム（一般的なビールに換算すると6リットル）とされているが、それより少ない量でも血中アルコール濃度が急上昇することで急性アルコール中毒が生じることになる。

急性アルコール中毒になると、ふらつきだけでなく自力で立てないほどの運動障害や昏睡状態を引き起こし、最悪の場合は呼吸停止（呼吸不全）や急性心不全が出現する。脳に血液が循環しない状態になるため、蘇生しても重篤な後遺症が残る例がある。

2 睡眠薬

睡眠薬とは、不眠症や睡眠が必要な状態に用いる薬物の総称である。ハルシオンの名称が有名である。睡眠時の緊張や不安を取り除き、寝付きを良くするなどの作用がある。そのうち、即効性に優れるものが「睡眠導入剤」と呼ばれることがある。

睡眠薬は、その化学構造により、ベンゾジアゼピン系、非ベンゾジアゼピン系、オレキシン受容体拮抗薬、バルビツール酸系や抗ヒスタミン薬などに分類される。また、作用時間により、超短時間作用型、短時間作用型、中時間作用型、長時間作用型に分類される。

睡眠薬のうち、大量摂取することで死に至るのは、旧式のバルビツール酸系である。現在は、ベンゾジアゼピン系の睡眠薬が使用されることが多く、大量摂取によって死に直結するものではない。ただし、大量摂取とアルコールとが併用されることによって、健忘症が現れたり、眩暈や残眠感が強くなるなどの症状が出現する。

睡眠薬の入手方法は、医師による処方箋によって薬局で購入することだが、一部薬効の弱いものが「睡眠改善薬」として市販されている。また個人輸入によって手に入れることも可能である。

3 過去の刑事事件で使用された主な毒物

(1) 青酸化合物

　青酸性毒物には、青酸、青酸ナトリウム、青酸カリがあり、写真の現像や金属製工などに用いられている。青酸は容易に気化し、水やアルコールによく溶け、青酸ナトリウム及び青酸カリは水溶液中で加水分解して青酸ガスを発生し、空気中では酸化されて無毒化していく。特に高温や直射日光の下では速やかに無毒化される。

　飲用された青酸化合物は、口腔、食道、胃壁を腐蝕し、胃腸から吸収されて呼吸酵素と結合してその活動を阻止し、急激に窒息する。致死量は、青酸50ミリグラム、青酸カリ150～200ミリグラムとなる。多量の服用による中毒では、意識喪失、全身痙攣、呼吸障害を発症して数分間で死亡し、少量では口腔内灼熱感、頭痛、発汗、嘔吐、心悸亢進があり、次第に意識不明、痙攣をきたす。服用後10時間経過しても生存していればその後の死亡例は少ない。

(2) トリカブト

　有名な有毒植物である。主な毒成分はジテルペン系アルカロイドのアコニチンで、他にメサコニチン、アコニン、ヒバコニチン、低毒性成分のアチシンの他ソンゴリンなどを全体、特に根部分に含む。

　トリカブトを摂取すると嘔吐、呼吸困難、臓器不全などから死に至る。致死量は2～6ミリグラム。経皮吸収・経粘膜吸収され、経口から摂取後数十秒で死亡する即効性を有する。

(3) ヒ素

　古くから猛毒として知られ、生物に対する毒性が強いことを利用して、工業用、殺虫剤、医薬用等に用いられる。
人体に対しても非常に有害であって、致死量が0.1～0.15グラムとなる。服用すると頭痛、嘔吐に始まり、下痢、疼痛、脱水して衰弱し、数日内

に死亡する。

ヒ素が酸化した亜砒酸も皮膚、粘膜に対して激しい腐蝕作用がある。

(4) アジ化ナトリウム

アジ化ナトリウムは無色無臭で、防腐剤・農薬原料・起爆剤などの用途に用いられている。かつては、その爆発・分解性を利用して自動車のエアバッグに用いていたが、日本では人体・環境に配慮して、2000年より使用されなくなった。

アジ化ナトリウムは毒性を有しており、経口摂取や酸と反応して生成するアジ化水素を吸引することが人体にとって危険である。1999年に毒物劇物取締法の毒物に指定された。

アジ化ナトリウムを経口摂取ないし吸入した場合、動悸・息切れ・めまい・倦怠感・吐き気・嘔吐・頭痛などの症状が現れる。摂取量が、5～10ミリグラムで頭痛、発汗、眩暈が、40ミリグラムまでで動悸が出現する。さらに大量摂取した場合に、痙攣・血圧降下・意識不明・呼吸不全などを引き起こし死に至る。アジ化ナトリウム中毒から回復したとしても、脳などに深刻な後遺症が残る場合もある。

(5) 農薬類

農薬として登録されている商品は多数あるが、過去に事故が多発したために現在では毒性の強いものは規制されて低毒化されている。無機剤、抗生物質剤もあるが主流は有機合成剤であり、そのうち有機燐剤、有機塩素剤、有機水銀剤の毒性が高く、摂取することで死に至る。ただ、有機燐剤及び有機塩素剤のうち毒性の高いものは使用が禁止され、有機水銀剤の大半も制限されている。

4　よく使われる薬物毒性に関する用語

(1) 中毒

中毒とは、毒性を持つ化学物質によって生活機能が著しく障害を受け、

ひどい場合には生命の危険を招き、死亡するに至ることをいう。法科学の分野では、専ら体外から摂取された化学物質に起因する作用を問題としている。

毒性作用の効果は、内服→皮下→吸煙→静脈注射の順に強く表れる。効果の強さは、量に左右されるが、無効量→有効量→中毒量→致死量の4段階にわかれる。それぞれの境界は個体差が大きいので、明確に線引きすることは不可能である。

(2) 急性中毒

急性中毒とは、化学物質が短期間内に人体に作用したとき、急に疾病状態に陥る現象をいう。摂取した中毒原因物質の量が多量である場合または摂取した側の人体の感度が過敏であった場合などに、摂取後数分から数時間後に激烈な症状を起こし、甚だしい場合には死亡する状態となる。

(3) 慢性中毒

慢性中毒とは、1～数回の摂取では中毒症状を全く発現しないような量であっても、それを繰り返し長期間にわたって摂取することで、中毒症状が現れることをいう。全ての薬物や毒物・劇物が慢性中毒を起こすものではない。

(4) 亜急性中毒

急性中毒と慢性中毒との中間の期間摂取を続けた場合にみられる症状で、急性中毒の場合のように激烈な症状ではないが、死亡する例も生じる。1～2週間から1カ月程度の連続摂取によって症状が発現することが多い。

(5) 中毒量

中毒量とは、毒性を有する科学的物質を摂取することによって中毒を起こす最少量をいう。この値は絶対的なものではなく、年齢・性別・体重、各人の感受性などによって異なり、また同一人でも服用方法、空腹時と満腹時、その時の健康状態などによっても影響を受ける。

⑹　致死量

　致死量とは、毒性を有する化合物を摂取することによって死亡する最少量をいう。この値も、中毒量と同様、個人差であったり、同一人でもその人のその時の状況によってかなりの差異がある。実験用の動物、たとえばマウスなどを用いて致死量を算出するが、この場合にはこの実験に用いた動物の半数が死亡する薬毒物の量を半致死量（LD50）として表される。

III　薬物鑑定の方法

　ここでは覚せい剤を例にあげて、薬物鑑定の方法について説明する。
　自己使用の事件では捜査機関は被疑者から任意提出の形で尿ないし毛髪などを入手して薬物鑑定が実施されることが多い。任意提出を拒めば、令状に基づいて採尿手続が行われることになる。死亡した人体から解剖時に尿や毛髪等が採取されることもある。
　また、所持の事件では、押収された覚せい剤の結晶または粉末といった物の鑑定がなされる。

1　尿鑑定

　人が摂取した覚せい剤は、血流にのって体中をめぐり、やがて代謝されて尿や汗などとともに体外へ排出される。検察官が覚せい剤使用被告事件での立証において、覚せい剤の体内残存期間に関する捜査報告書を証拠請求する場合がある。それによれば、覚せい剤の摂取量、常習の程度や摂取者の年齢、性別、体質等により影響はあるものの、尿から覚せい剤使用の成分が検出される期間は4日から5日以内の期間であるものが約90パーセントを占めることや、14日経過した尿中から検出されたものもあることなどが記載されている。
　裁判実務では、尿中から覚せい剤成分が検出された場合、採尿から遡って14日くらいの間に、何らかの方法で覚せい剤が体内に摂取されたとさ

れることになる（東京高判昭58・7・25東高刑報34巻7・8号36頁）。

　そのため、覚せい剤摂取という客観的事実を立証する証拠は、いわゆる「尿鑑定」とよばれるもので、薬物研究員など専門家が、対象者から採取した尿中に覚せい剤成分が含まれていることを科学的に判定したものになる。この尿鑑定は、科学捜査研究所などの機関で、専門家によって実施されている。鑑定を依頼されたサンプル（尿）から成分を抽出し、検査を行ってそれが間違いなく覚せい剤であることを確かめる。

　そのための方法としては、不純物の抽出・操作をした上で、①薄層クロマトグラフィーによる検査、②シモン試液、マルキス試液による検査（呈色反応）、③ガスクロマトグラフィー質量分析計による検査などがある。

　通常の尿検査で行われているのは定性分析（覚せい剤の成分が含まれているか否か）であり、定量分析（覚せい剤の成分がどのくらい含まれているか）ではないことに注意を要する。

2　毛髪鑑定

　人体に摂取された覚せい剤の一部は血液の循環によって毛根の毛細血管を通じて毛髪に取り込まれるため、覚せい剤を使用した人物の毛髪に、ごくわずかながら覚せい剤が含まれることになる。しかし、毛髪中に保持される量はごく微量であり、たまたま1回や2回使った程度で毛髪から覚せい剤が検出することは難しいとされている。つまり、毛髪中に覚せい剤が検出されたとすれば、その人物は、ある程度常習的に覚せい剤を使用していたと推定されることになる。

　現在の実務では、尿中に覚せい剤が検出されたにもかかわらず自己使用を否定している場合や常習性を立証するために毛髪鑑定を行われることがある。

　ただし、頭髪の脱色後染色やパーマネント処理をすると覚せい剤と親和性のある頭髪中の色素結合が破壊されて覚せい剤が毛髪から流出して検出されないことがある。

3 結晶または粉末の鑑定

　覚せい剤の自己使用の事案では乱用している人物の身辺に、覚せい剤にまつわる痕跡が残っていることが多い。例えば、加熱吸引に使ったパイプや注射器、空になったビニール袋、覚せい剤粉末を水に溶かす際に使ったスプーンなどである。こうした器具等に残された覚せい剤の痕跡を調べるために、付着物を採取する。

　また、所持の事件では結晶または粉末が人物の服装や部屋などの現場から押収される。

　そこで、採取ないし押収された物が覚せい剤か否か分析鑑定が行われる。その方法として、①加熱による融点測定、②赤外線吸収スペクトルなどが用いられる。

　なお、警察官が押収した際に簡易検査キットを使って簡易検査（予試験）が行われることが多いが、これは正式な鑑定と原理も方法も全く異なり、簡易検査の結果そのものが覚せい剤使用の証拠として使われることはまずない。ただし、簡易検査が陽性であるときは、検査対象物が覚せい剤であると疑われ、逮捕の大きな根拠とされている。この簡易検査は、尿検査ではあまり行われていない。

Ⅳ 分析機器及び試験の種類

1 薄層クロマトグラフィー

　薬物検査に用いる資料には、尿や毛髪などの生体資料があるが、様々な成分が混じり合っている混合物である。その混合した成分を分離し、それらの成分が何かを調べたりその量を定めていくのが、「クロマトグラフィー▼1」である（たとえば、画用紙に緑色の水性ペンで描いた線が水に濡れ

---

1 「クロマトグラフィー」は測定法、「クロマトグラム」は測定結果、「クロマトグラフ」は装

ると、滲んで青色と黄色に分離して広がっていくことをイメージすればわかりやすい)。その検査方法として一般的に用いられているのが、薄層クロマトグラフィーであるが、近時は媒介物にガスを用いて行うガスクロマトグラフィーによることも多い。ガスクロマトグラフィーについては後述する。

　薄層クロマトグラフィーの検査方法は、ガラスなどの材質の板の上に微粒子状の吸着剤(シリカゲル)を均一な厚さに塗布した「薄層プレート」を用意して、そのプレートの下部に検査する資料を滴下し、これと隣り合わせの位置に比較対象として成分が確認されている標準品を同じく滴下して、これを乾燥させる。展開溶媒が入った密閉槽内で、プレートの下端を展開溶媒に浸して溶媒を薄層プレートに浸透させる。展開溶媒は、プレート上を次第に染み昇り、同時に資料中の成分も、それぞれの性質に応じて移動し、成分ごとに特定の位置にスポット(斑点)が展開される。これに呈色試薬を噴霧して反応させて、そのスポット(斑点)を肉眼で観察する。覚せい剤の場合、呈色試薬としてマルキス試薬やシモン試薬が用いられる。

　その結果、薄層プレート上に、同じ条件で展開した標準品と比較して、同じ部位にスポット(斑点)があれば、資料中に当該薬物が含有されていると推定できる。

2　赤外線吸収スペクトル

　資料に赤外線を当て、透過または反射した光を測定することで、その吸収された赤外線のグラフの状態から、物質の化学構造や状態に関する情報を得て、成分を分析する方法である。有機化合物はすべて赤外線領域に固有の吸収パターンを有しているから主に有機化合物の測定に用いられる。

　この測定で得られるグラフが赤外線吸収スペクトルと呼ばれる。この

置をそれぞれ指す。

測定では、化合物の構造上の差異が明確に現れ、特にシモン領域と呼ばれる低周波領域では化合物に特有のスペクトルが得られるので、信用性が極めて高いとされている。

3 ガスクロマトグラフ質量分析装置

図版5-2 ガスクロマトグラフ質量分析装置模式図

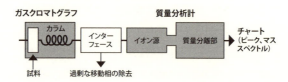

（小森榮『もう一歩踏み込んだ薬物事件の弁護術』〔現代人文社、2012年〕122頁）

ガスクロマトグラフ質量分析装置とは、有機化合物の定性、定量を目的とした分析装置で、ガスを使った分離分析の装置と、質量分析計を一体化した装置である。

このガスクロマトグラフィーという検査方法は、検査資料を高温によって気化させたヘリウムや窒素ガスによって細い管（カラム）の内部を移動させ、成分ごとに分離する。管には、高沸点のシリコンオイルなどの吸着剤が内側にコーティングされていて、資料中の成分が吸着剤の層に入り込んだり、またガス中に戻ったりしながら分離していき、物質ごとに時間差をもって検出器に到達する。

分離された成分は、さらに質量分析装置へと送り込まれて、気体状の分子特有のフラグメントイオンに切断され、そのフラグメントイオンが分析機の中を通り、質量または電荷数の大小によって動きが異なることを利用してデータを測定し、成分及び質量を把握することになる。

尿中覚せい剤の分析に、薄層クロマトグラフィーと併用して多く用いられている。ただし、資料を高熱で気化するため、高温で分解されやすい物質の試験は行うことができないし、尿などの水溶性の資料では前処理（資料を分析に適した形態にすることや分析を妨害する成分を取り除くこと）

が必要となる。

4　液体クロマトグラフ質量分析装置

　資料の移動に液体を使ったものが液体クロマトグラフィーで、吸着剤をつめたステンレス管に高圧で溶液を流し、成分が短時間で精度よく分離できるようにする。吸着剤をつめた管を通り抜ける過程で資料は成分ごとに分離し、時間差を持って検出器に到達する。分離された成分が、連結された質量分析計で分析され、極めて精度の高い分析をすることができる。
　この液体クロマトグラフィーでは、高温で分解しやすいものや水に溶けやすいものを直接分析することができる。ガスクロマトグラフィーと異なり、尿資料をろ過するだけで抽出などの前処理をせずに分析できることが利点であるとされている。

5　分析機器で注意すべきポイント

　ガスクロマトグラフィー質量分析計などの機器は、感度がよく、分析の前処理や分析装置そのものによる汚染などの影響で誤った結果を得る危険がある。この分析機器の汚染の原因として考えられるのが、前処理段階での汚染、分析装置による汚染がある。
　このうち、前処理段階では、薬物や代謝物を抽出する際に用いるガラス器具や濃縮に用いるエバポレーター（減圧することによって固体または液体を積極的に蒸発させる機能をもつ装置）での汚染が問題となりうる。
　また、分析装置による場合には、試料の分析時に微量の成分が装置内に残り、続いて行なう試験に影響を与えるキャリーオーバーという現象がある。なお、ブランク試験（試料を含まない試薬のみで行う試験）を行なうことにより、キャリーオーバー現象を確認することができる。
　そのため、同じ装置、同じ条件で、ドラッグフリー尿、被疑者の尿、覚せい剤を一定量添加した標準尿の順番に分析し、測定結果の精度を保

障するための作業が必要となる。

V 弁護活動の注意点

　覚せい剤取締法違反被告事件においても、被告人が覚せい剤を使用していないことを根拠に無罪を主張することはある。争う理由として、他人が同意なく飲食物等に覚せい剤を入れた可能性を主張する場合や、他人から渡されたものを覚せい剤と知らずに摂取してしまった場合などもあり、これらの場合には被告人供述の信用性・「他人」が法廷で証言する場合にはその信用性などが問題となり、鑑定の信用性が主として問題となるというより一般的な否認事件と同様の弁護活動が必要と考えられる。
　また、警察官が違法な捜査を行なったことを理由に、違法収集証拠であるため鑑定書を排斥するべきとの主張を行なうこともある。
　ただし、本書籍は鑑定を中心に記載しているため、これらの主張についての弁護活動については触れず、覚せい剤の成分や摂取方法に関連するものについて検討する。

1 覚せい剤の摂取時期

　依頼者は覚せい剤を摂取したことがないものの、尿から覚せい剤の反応が検出されたという場合には、その摂取時期についても検討する必要がある。
　個人差があるものの、覚せい剤成分の濃度が濃ければ採尿から近接した時点で摂取されたものであり、濃度が薄ければ摂取から時間が経過したと推認されることになるため、被告人の尿から検出された覚せい剤成分の濃度が一つの目安と考えられる。

【参考判例】
・千葉地判平26・1・23
　　被告人が、公判廷において、被告人の尿から覚せい剤が検出された

ことに関して、心当たりがあるとすれば、被告人が採尿され逮捕された日の7日前に、内縁の夫が自分の寝ている間に覚せい剤を腕に注射したのだと思うと供述した事案。
　被告人の尿から検出されたフェニルメチルアミノプロパンの濃度の高さに照らして、覚せい剤の摂取日が採尿した日の7日前であるとは考えにくいことを理由の1つとして、被告人の公判供述の信用性を否定した。

2　医薬品を服薬した場合

　依頼者は覚せい剤を摂取したことがないと供述し、肥満やパーキンソン病の治療のために医薬品を服薬している場合には、注意が必要である。
　肥満やパーキンソン病の治療に有効として医薬品として開発され、実際に使用されている医薬品の一部のうち、それを服薬すると尿から覚せい剤を摂取した際に検出されるメタンフェタミンと同様のものが検出されることがありうる。
　その場合には、依頼者から薬品名を聴取して成分を調査し、服薬した医薬品に特有の代謝物も尿から排出されているか確認したり、場合によっては再度の尿検査を行なうなどの検討が必要である。

3　副流煙を吸引した場合

　依頼者は覚せい剤を摂取したことがないものの、近くで他人が覚せい剤を使用し、副流煙の摂取により、覚せい剤成分が検出された可能性がある場合には、いつ、どのような場所で、どのくらいの時間、どのくらいの距離で、副流煙を摂取したのか、詳細に事実を聞き取る必要がある。
　副流煙の体内への摂取態様によっては、尿から覚せい剤が検出される可能性もあるが、覚せい剤の副流煙は、煙草と違って煙は飛散せず、すぐ消えることから至近距離でなければ吸えない特性があるとして被告人の主張が排斥されている下記判決もあり、実際に法廷で主張するかは慎

重な判断が必要である。

【参考判例】
・東京地判平22・7・7
　被告人が覚せい剤を気化させて吸引する方法で自己使用した人物の近辺にいたことから、その副流煙を吸い込んだために尿から覚せい剤が検出されたと主張した事案。
　科学捜査研究所の薬物研究員の証言によって、覚せい剤の加熱吸引使用の場合、覚せい剤は加熱して気化させてもすぐに固体に戻ってしまうから加熱気化しているすぐ近くでその煙を吸わない限り体内に摂取されないことから、被告人が供述するような態様で副流煙を吸うことにより、その尿から中位の濃度の覚せい剤が検出されることはないとされ、被告人の弁解が排斥された。

4　覚せい剤乱用者と性行為をした場合

　依頼者は覚せい剤を摂取したことはないものの、依頼者と性行為をした人物が覚せい剤を使用していた場合、性行為の時期、行為内容を聴取し、汗・精液の吸収などについても検討する必要がある。

【参考判例】
・東京地判平27・1・13
　被告人の尿から検出された覚せい剤について、被告人の当時の交際相手の精液であった可能性を主張し、精液と尿の濃度の差異や毛髪鑑定の信用性を争った事案。
　①覚せい剤を使用していた交際男性の精液が被告人の膣内に残留し、被告人の尿を採取した際に覚せい剤の成分を含む精液が混入した可能性について
　鑑定したBの証言その他の関連証拠によれば、覚せい剤使用者の男性の精液中に覚せい剤が排泄されることはあるが、その量は非常に微量で

あり、仮に尿中に精液が混入していたとしても、覚せい剤が検出されるだけの絶対量にはならないと考えられる。すなわち、(覚せい剤の陽性反応が出るために必要とされる絶対量には)約370ミリリットルの精液が必要となり、被告人の尿鑑定において精液が原因で覚せい剤成分が検出された可能性はないことが認められる。……もとより、精液中への排泄量については個人差があるし、覚せい剤の摂取量による含有量の差も考えられるが、人体において覚せい剤が精液中に排泄される基本的メカニズムは同じであると考えられるから、個人差や濃度差といっても限度があり、弁護人の主張は個人差等の範疇を超えているというべきである。

　よって、尿鑑定から検出された覚せい剤は、被告人の尿に由来するものと考えるのが合理的である。

　②毛髪鑑定が行なわれたところ、第一次と第二次鑑定が異なる結果であったことについて

　逮捕時に採取された被告人の毛髪約0.401グラムを鑑定した結果、覚せい剤成分であるフェニルメチルアミノプロパンが検出されている(第一次鑑定)が、弁護人は、第一次鑑定の毛髪採取から21日後に採取された2回目の毛髪鑑定では、いずれも「覚せい剤を検出しない」という結果となっていることから、21日間で毛髪の覚せい剤成分が消失することはない以上、翻って第一次鑑定の陽性反応の結果は、被告人が交際相手と性交渉を持った際に、被告人の毛髪に覚せい剤成分を含む交際相手の汗が付着し、外部汚染された可能性が高いと主張している。

　しかし、……証人は、毛髪鑑定に携わっている専門家であり、……科捜研内で定められた洗浄過程(毛髪の表面の汚れを取り除くため、洗浄専用の薬品を用いて3回洗浄し、その後、メタノールで3回、水で2回洗浄)の一部を省略する理由はないし、この点に関する同証人の証言内容に照らしても、洗浄の一部を実施していなかったといった状況は認められない。……科捜研で定められた洗浄方法は、外部汚染が完全に排除できるかどうかを予備実験によって検証し、その検証結果を踏まえて採用された手法であると認められるから、このような洗浄を経てもなお汗等による外部汚染が残っていたとは考え難い。

コラム⑤
科学の名のもとに……？

「専門家」が登場して、事実認定のための意見を述べる機会は増えている。「専門家」は多種多様である。この本でも紹介したDNA型鑑定や薬物鑑定のように、確かな科学的根拠をもとに行われる専門的な鑑定もある。しかし、近年、確かな科学的根拠があるのかどうか不明な「専門家」が法廷に登場するケースがある。

たとえば、画像の解析・分析の専門家と称する鑑定人が、防犯カメラに写った人物と被告人との同一性について「同一である可能性が高い」などと意見を述べる。しかし、その内実は、防犯カメラに写った画像の解析などではなく、単にその鑑定人が主観的に２つの画像を見比べて「似ている」程度の根拠しかなかったりする。

厄介なのは、数字や記号などが用いられることによって、このような意見があたかも科学的な外観を呈することである。たとえば、上に示したような画像鑑定のある例では、全く科学的な根拠がないのにもかかわらず、「この特徴が一致する確率は1,000分の１」などという数字が並べられ、「２人が一致する確度は10万人の１人」などという結論が導かれたりしていた（なお、筆者は、この画像鑑定人が証言して第一審で有罪となった事件を２件知っているが、１件は高等裁判所で専門家の専門性に疑義が呈されて差戻し、もう１件は破棄自判無罪となっている）。

弁護人が、ここに科学的な根拠がない旨の問題提起をしなければ、裁判所もこれを鵜呑みにしてしまう危険すらある。我々弁護人は、常に、目の前にある「専門家」の意見が、本当に科学的根拠のある意見なのか、科学の名を纏った「ジャンク・サイエンス」なのかという視点を持ち続ける必要がある。

第2部

立証活動の実践

第6章
当事者鑑定

I 当事者鑑定とは

　刑事事件において、弁護人が専門家に依頼して法医学鑑定、工学鑑定、DNA鑑定、精神鑑定などの鑑定による立証活動を行うことがある。これを「当事者鑑定」という。裁判所による鑑定(刑訴法165条)と区別するために、従前は「私的鑑定」と呼ばれることが多かったが、現在は当事者鑑定と呼ばれることがある。

　この当事者鑑定は、被疑者及び被告人の権利を擁護し、また冤罪を防ぐために、専門的な知見を明らかにするもので極めて重要な弁護活動である。

　弁護人が当事者鑑定を利用する場面は、弁護側が新たな事実や専門的知見を立証する場合、検察官が提出した証拠の信用性を弾劾する場合がある。また、精神鑑定や自動車工学鑑定など専門家の間でも意見が一致しないことが珍しくない分野もあり、裁判所の鑑定または検察庁の嘱託鑑定にあった専門的知見を争うために当事者鑑定を利用する場面もある。さらに、検察官が専門性に疑義のある人物をあたかも専門家として扱っている場合もあり、弁護人による検証作業は重要である。

II 当事者鑑定を選択する考慮要素

　裁判所による鑑定との関係について、鑑定の必要性が存するときには、裁判所による鑑定がなされるはずであり、それと別個にわざわざ費用をかけて当事者鑑定を行う必要がないと思うかもしれない。たしかに、裁判所による鑑定が実施されれば、公平らしい鑑定人が選任されて鑑定が行われることで鑑定結果の信用性が高い、実施に際して弁護側が持ち出さなければならない費用がかからないといったメリットがある。

しかし、裁判所が選任する専門家では結果がどうなるかわからないし、被疑者・被告人にとって不利益な結果が出た場合でも訴訟手続へ提出されることが避けられないといったデメリットも存在する。この点、当事者鑑定では、専門家への選任及び鑑定事項に対してコントロールを及ぼすことができ、実際の鑑定結果をみてから裁判所等へ提出するか否かを決められるといった利点がある。また、鑑定の実施方法によって当事者鑑定の信用性を高める工夫をすることが十分可能である。

　実際の事件では、上記のメリット・デメリットを考慮して、弁護人として、裁判所による鑑定か当事者鑑定を選択することになる。費用の点を除けば（実際には費用が最大の考慮要素であることが多いが）、当事者鑑定のメリットは大きいから、弁護人としては積極的に当事者鑑定の実施を検討すべきである。特に、裁判所が鑑定採用に消極的な領域（供述心理分析など新しい分野など）では、当事者鑑定を活用すべき場面が多いだろう。

　検察官は多くの事案で積極的に専門家の知見を刑事裁判で活用している。被疑者・被告人の対等な防御のために、弁護人側が少なくとも当事者鑑定の利用を検討し、必要な事案では積極的に当事者鑑定を活用することが重要となっている。

III　当事者鑑定を実施するには

1　専門家の探し方

　当事者鑑定を行うにあたっては、協力を得られる専門家を見つける必要がある。その方法としては、当該分野の文献を執筆した専門家に直接連絡を取ることが一般的である。また、インターネットによる検索や各種メーリングリストなどで、当該分野での鑑定を経験したことがある弁護士から、そのとき担当した専門家を教示してもらい、連絡することも考えられる。

　平素から気軽に質問できる専門家の知り合いを作っておくことは、適切な専門家を紹介してもらうことができるから、重要である。

2　当事者鑑定依頼手続の一般的な流れ

　弁護士が専門家に対して鑑定を依頼する場合、まずは相談を行うことになる。相談の申し込みは、電話や手紙で行うことが多い。また、事前に資料を提供することで相談での的確なアドバイスが可能となる。事前に資料を提供した上での相談が可能かどうかは専門家に確認すべきである。その際に、用意すべき資料は、それまでの裁判の資料や、起訴前に捜査機関による鑑定が実施されていればその際に作成された鑑定書や簡易鑑定書となる。事案についても、依頼する予定の科学的証拠が関係する箇所だけではなく、全体の事案の説明があった方が、その証拠の裁判における位置づけを当該専門家に把握してもらうことができ、鑑定書・意見書作成に活かしてもらうことができる。専門家に資料を提供することは、証拠の目的外利用（刑訴法281条の4）に該当しないが、提供した資料を適切に管理してもらうように専門家に説明する必要がある。
　専門家への相談は面談で行い、相談料が発生することが多い。相談の結果、鑑定や再現実験が必要ということになれば、当該専門家に依頼して実施してもらうことになる。費用に関しては、鑑定や再現実験の依頼の前に見積もりを出してもらうこともある。可能であれば鑑定等を実施する前に、正式に鑑定を実施するかどうかを判断するための予備検査を実施してもらうこともある。一般的に、予備検査だけの方が費用が安く済み、予備検査の結果が芳しくなければ本格的な鑑定を実施しない判断をすることもできる。
　専門家に依頼して鑑定や再現実験を実施した後に、鑑定書や意見書を作成してもらう。
　鑑定書や意見書を裁判所に提出した後に、相手方から反対の意見書が出てきた場合、追加意見書の作成を依頼することもある。弁護人が提出した書証が不同意となれば、証人尋問のため、証人出廷を依頼することになる。
　いずれにせよ鑑定や再現実験を行うには、準備等などで相応の時間が

必要であることから、早期に専門家に対して依頼することが望ましい。

3　当事者鑑定の費用

　弁護人が当事者鑑定を実施するにあたって、実際の障壁になるのは、費用の点である。被告人やその家族が当事者鑑定の費用を支出できればいいが、国選弁護人として受任した事件では困難であることが多い。そういった事案において、東京弁護士会や千葉県弁護士会などでは弁護士会において当事者鑑定の費用を補助する制度が整備されている（費用補助制度の有無や利用にあたっての詳細な要件は各単位弁護士会に確認して欲しい）。弁護士会が負担することに議論の余地はあろうが、弁護人としては、必要な事案では積極的に支援制度を利用するなどして当事者鑑定を実施すべきである。

　なお、当事者鑑定を依頼するための具体的な費用の目安については、コラム⑥（本書150頁）を参照のこと。

4　鑑定書等の作成・証人出廷における留意点

　専門家に依頼して鑑定や再現実験を実施した場合、鑑定書や意見書といった形式で文書を作成するのが通常である。提出した文書が、不同意になることを想定して、裁判に出廷して証言できる専門家を選ぶことになる。

　鑑定書は、専門用語を多く用いて精密に作ることと、分かりやすく作ることの方向性があるが、両方に配慮することが必要である。分かりやすさを求めると、正確性が失われてしまうことがあるので、鑑定書の作成において依頼の趣旨との関係で専門家との打合せが必要となることがある。

　弁護人が依頼して作成したにもかかわらず、鑑定書の一部の記載だけを取り出して強調することは問題であり有害である。証拠として提出する以上、弁護人に不利になる情報が漫然と紛れ込まないように注意しな

ければならない。もっとも、不利な点を削除するなどして鑑定書の記載内容が不十分となってしまっては、検察官の指摘などによって、鑑定書の信用性が低くなってしまうことから、提出するにあたっては、鑑定書の記載内容について、十分に吟味すべきである。

　専門家に裁判に証人として出廷してもらうにあたっては、事前準備が重要となる。専門家に対しては、事件の内容として、どこが争点になっているのかを教示しておく必要がある。事件の争点を把握していないと、証言が的外れになりかねない。また、証人尋問の準備を専門家だけに任せると一般論や文献の紹介が主となってしまうこともある。当該事件の分析こそが肝だということを意識すべきであり、専門家にも争点を丁寧に説明してもらうように注意喚起すべきであろう。反対尋問の準備をする上でも、争点を把握してもらう必要がある。証人尋問にあたっては、プレゼン資料を準備してもらうこともある。プレゼン資料の準備にあたっても、よく専門家と打合せを行い細部まで詰めておくべきである。

　また、反対尋問の際に、専門家に対して本件に関係ない事項を尋問された場合は、専門家を混乱させないためにも、弁護人が適切に異議によって介入すべきである。再主尋問を利用して、反対尋問で指摘された点をフォローすることも忘れてはならない。

IV　当事者鑑定を裁判で用いるときの留意点

1　証拠提出の方法

　専門家による鑑定の結果は、専門家が作成した書面（鑑定書など）を書証として証拠調べ請求する方法によって公判に提出する。実施した再現実験の結果も同様に、再現実験報告書といった書証として証拠請求することになる。

　鑑定書・再現結果報告書などの書証は伝聞証拠であるから検察官の同意（刑訴法326条）がなければ証拠採用されない。検察官が不同意の場合は、専門家の証人尋問を行い、真正に作成された旨を供述させて刑訴法321条

4項書面としての証拠採用を求めることになる。後に述べるように、刑訴法321条3項書面としての証拠採用を求めることはできない。裁判員裁判においては、そもそも書証による立証がなされず、証人尋問のみによって鑑定内容等を立証する運用が行われていることがほとんどである。

また、検察官が書証に同意する見込みだったとしても、専門家を証人として法廷へと出廷させて尋問を行うことを積極的に検討すべきである。法廷で専門家が直接説明し、裁判官や裁判員の疑問に直接回答することが、専門的知見の理解を容易にすることになるからである。

2 事前開示の方法

弁護人が証拠請求するにあたって、検察官に対して証拠を開示する必要がある。鑑定書などの書証であれば、その写しを検察官に交付する必要があり、動画であればDVDなどのメディアに保存したものを検察官に交付する。

また、専門家の証人尋問を請求する場合、公判前整理手続中であって、鑑定書などの書証を別途請求していないならば、証言要旨記載書面（刑訴法316条の18第2号）を検察官に交付する必要がある。鑑定書等を検察官に開示していれば、その専門家の証人尋問にあたって、証言要旨記載書面の提出は不要である。

3 科学的証拠に対する法的規制

当事者鑑定によって作成された書面は、「科学的証拠」に分類されることになる。そのため、弁護人は、科学的証拠に対する法的規制について検討する必要がある。

(1) 科学的証拠の証拠能力

科学的証拠の証拠能力は、自然的関連性ないし法律的関連性の問題として論じられることが多い。これまで判例においては、科学的証拠一般

について判示したものはなく、個別の証拠ごとにその許容性について判断がなされてきた。

そこで、科学的証拠の証拠能力が認められるには、当該事案における検査過程の適切さについて、①検査者の有する知識・経験・技術の適格性、②用いられた器具の性能の信頼性、③検査手順や検査資料の採取・保管過程の適切性、の各要件を満たす必要があることが下記の最高裁判例によって示されている。さらに、科学的証拠の基礎にある原理・方法の正確性・信頼性が認められることも求められる。そのため、弁護人は、以上の点についての主張立証を行うことが必要となる。

【参考判例】
・筆跡鑑定：最決昭41・2・21裁判集刑事158巻321頁
　　いわゆる伝統的筆跡鑑定方法は、多分に鑑定人の経験と感に頼るところがあり、ことの性質上、その証明力には自ら限界があるとしても、そのことから直ちに、この鑑定方法が非科学的で、不合理であるということはできないのであって、筆跡鑑定におけるこれまでの経験の集積と、その経験によって裏付けられた判断は、鑑定人の単なる主観にすぎないもの、といえない。
・ポリグラフ検査結果：最決昭43・2・8刑集22巻2号55頁
　　ポリグラフ検査結果回答書は、その検査結果が検査者の技術経験、検査器具の性能に徴して信頼できるものであり、かつ、検査の経過および結果を忠実に記載したものであるときは証拠能力がある。
・警察犬による臭気選別結果：最決昭62・3・3刑集41巻2号60頁
　　警察犬による本件臭気選別の結果は、選別につき専門的な知識と経験を有する指導手が、臭気選別能力が優れ選別時においても能力のよく保持されている警察犬を使用して実施したものであり、かつ、臭気の採取、保管の過程や選別の方法に不適切な点がない場合、証拠能力がある。
・声紋鑑定：東京高判昭55・2・1判時960号8頁
　　声紋についての検査の経過および結果の報告には証拠能力を認めて

よい。

・DNA型鑑定：最決平12・7・17刑集54巻6号550頁
　MCT118DNA型鑑定は、その科学的原理が理論的正確性を有し、具体的な実施の方法も、その技術を習得した者により、科学的に信頼される方法で行われた場合、証拠能力がある。

⑵　**科学的証拠に対する評価の在り方**
　科学的証拠の証明力の判断に自由心証が適用されるのは、証拠資料の１つである以上当然である。鑑定結果が法律上直接に裁判官の判断を拘束するわけではない。
　しかし、自由心証主義は、証拠の評価に関して裁判官の恣意を許すものではなく、経験則及び論理法則にしたがった合理的な判断を求めるものである。鑑定は、もともと裁判官に不足している特別の知識、経験を補充する目的で、当該分野の専門家の意見を求めるものであるから、鑑定結果を採用しない場合にはその合理的な理由がなければならない。このことは鑑定のみならず広く科学的証拠一般にも妥当するというべきである。
　そこで、科学的証拠の証明力を判断するにあたっては、①前提条件が裁判所の認定した事実と異なること、②対象物件の真正が否定ないし真正に疑問が生じたこと、③内容と他の有力な証拠ないし客観的事実とが食い違ったこと、④専門家の公正さや能力に疑問が生じたこと、といった合理的な事情が認められない限り、科学的証拠の内容は十分に尊重されるものと考えられる。
　そのため、弁護人は、当事者鑑定の信用性を認めてもらうために、上記４事項に留意して、当事者鑑定を実施し、鑑定書を作成する必要がある。すなわち、専門家を選定する段階から慎重な検討を要する。その専門家に対して、十分な資料を提供し、前提事実が裁判所の認定と異ならないように、鑑定事項を設定する。時には、前提事実の場合分けが必要となる。鑑定書の作成段階でも、鑑定内容自体に矛盾がないようにし、鑑定の基礎となった専門知識や方式の公正性や、その内容が偏頗的なもので疑義

が生じないかなど、鑑定内容に問題がないか確認を要する。

　そのうえで、当事者鑑定の信用性を高めるための工夫が必要となる。例えば、精神鑑定であれば、精神科医と被告人との面接環境を確保するために、被告人の保釈を検討することなどである。具体的な実践例については、冒頭インタビューでの弁護人の活動を参照のこと。

【参考判例】
・最判平20・4・25刑集62巻5号1559頁
　　責任能力判断の前提となる精神障害の有無及び程度等について、専門家たる精神医学者の鑑定意見等が証拠となっている場合には、鑑定人の公正さや能力に疑いが生じたり、鑑定の前提条件に問題があったりするなど、これを採用し得ない合理的な事情が認められるのでない限り、その意見を十分に尊重して認定すべきである。

(3)　伝聞証拠との関係

　当事者鑑定の結果が記載された書面である鑑定書や再現実験結果報告書は、検察官によって同意されなければ、伝聞証拠であるから証拠採用されない。その内容が、特別の学識経験者が作成していた書面ならば、刑訴法321条4項準用によって証拠能力を有する。医師による診断書等がその典型例である。「再現実験結果報告書」といった題名であっても、特別の学識経験者が作成した文書といった内実を有していれば、4項書面として証拠採用される。なお、私人作成の書面に刑訴法321条3項を準用することはできない。

　この点、刑訴法321条3項・4項にいう「真正に作成されたもの」とは、作成名義が真正であることだけでなく、その検証が正確な観察によること及びその結果が書類に正確に記載されたことを要する。作成者に対して観察や記載の正確性、それを吟味するために必要な限りにおいて検証内容について反対尋問がなされ、その反対尋問に対しても崩れなかったときに「真正に作成されたものであることを供述した」と認められることになる。

そこで、弁護人は、当事者鑑定の結果が記載された書面が不同意となった場合、専門家である作成者の証人尋問を行い、その作成者が学識経験を有し、その学識経験に基づいて作成した書面であることを立証することで、刑訴法321条4項準用によって、その書面の証拠採用を求めることになる。

【参考判例】
・消防士作成の燃焼実験報告書：最決平20・8・27刑集67巻7号2702頁
　　消防士として15年間の勤務経験があり通算約20年にわたって火災原因の調査、判定に携わってきた者が作成した燃焼実験報告書であったとしても、刑訴法321条3項を準用できない。しかし、証人尋問の結果、作成者は火災原因の調査、判定に関して特別の学識経験を有するものであり、同報告書は学識経験に基づいて燃焼実験を行いその考察結果を報告したものであって、その作成の真正が立証されているから、同条4項の書面に準ずるものとして証拠能力を有する。
・医師の診断書：最判昭32・7・25刑集11巻7号2015頁
・北海道警察本部鑑識課長作成名義の現場指紋対照結果通知：札幌高判平10・5・12判時1652号145頁
・柔道整復師作成の施術証明書：福岡高判平14・11・6判時1812号157頁
・運輸省（当時）航空事故調査委員会が作成した航空事故調査報告書：名古屋地判平16・7・30判時1897号144頁

4　取調べ方法とその工夫

　証拠採用された証拠の取調べは、公判廷において書証であれば全文朗読（場合によっては要旨の告知）、証拠物であれば展示、動画であれば再生して、裁判官・裁判員の五感に訴えていくことになる。
　特に裁判員裁判にあたっては、単純に全文朗読等をしたとしても、専門用語などによって鑑定書の内容の理解が容易でない。取調べにあたっては、判断権者に理解してもらうため、鑑定書に添付されている写真を

示しながら朗読する方法や別途専門用語を説明する書証を作成するなど工夫を要する。

　また、単に書証を請求するだけでなく専門家を証人として尋問することによって、証拠調べとしての分かりやすさを向上させることも検討すべきである。[1]この場合は、プレゼンテーションの巧拙が理解しやすさに影響を与えるということに注意しなければならない。証人尋問実施前に、専門家と十分に打合せを行い、専門家の証言内容が分かりやすくなるような尋問事項や順序を検討すべきである。また、実際の証人尋問では、答えるべき範囲が明確になるよう質問するなど、弁護人が証言内容を適切にコントロールしながら進めることが望ましい。さらに証人尋問の途中に書証の展示や動画の再生を織り交ぜることで、直ちに専門家による説明を加えることができ、さらに裁判官・裁判員の理解を容易にすることが考えられる。[2]反証のために専門家を証人として尋問する場合は、検察官請求証人と対質（刑訴規則124条）することで、お互いの対立点を明らかにする方法も考えられる。

　科学的証拠の信用性を高めるために重要なことは、既に述べたとおり、前提条件やその内容が関係者の供述内容や他の客観的証拠と整合していることである。燃焼実験を行ったとしても、燃焼場所の周囲の状況や着火方法が、被告人の供述など他の証拠と食い違っていれば、いくら大がかりな燃焼実験結果であっても、裁判所に信用されない。前提事実があまりにも違ってしまえば関連性に疑問が生じてくる。このように、科学的証拠を用いるときには、他の証拠との関係性をより慎重に検討すべきである。

1　スケジュールの都合などによって専門家証人が出廷できなかった場合に、事前に専門家が画像や図面を用いながら説明する様子をビデオで撮影し、その動画を法廷で上映するといった方法をとることもありうる。
2　実施する手段として供述の明確化（刑訴規則199条の12）といった方法や証拠調べそのものを証人尋問の機会に行うといった方法がありうる。

V 今後の当事者鑑定における課題

　今後、刑事裁判において当事者鑑定の利用がますます多くなっていくことが考えられるが、その前提となる刑事事件の証拠保管に関する制度の整備が不可欠となる。もちろん、刑事事件の証拠保管の問題は、当事者鑑定に限られたものではないが、当事者鑑定の実施時期が事件発生から相当期間経過後にならざるを得ないことから、当事者鑑定での問題性が大きい。

　この点については、警察庁・検察庁から独立した中立の証拠保管に関する第三者機関を設置し、一定の要件のもとに捜査機関が保持する証拠をこの第三者機関の保管に委ねることが重要となる。そして、この第三者機関が、鑑定・検査（例えば、血液鑑定、薬物鑑定など現在科学警察研究所等が実施している様々な鑑定・検査）、DNA型情報・指紋等のデータベース・システムの作成・管理・運用、被疑者・被告人・弁護人に対する情報開示なども併せて行うことが考えられる。当然のことながら、鑑定・検査は、中立公正に行われるべきであって、捜査機関から独立した機関が実施することが妥当であり、その情報に弁護人がアクセスすることを容易にすべきである。イギリスでは法科学研究所が警察の一機関から独立して、研究所、研究員ともに複数の部外資格認定機関からトレーニングや認定を受けて、警察、弁護の両方から鑑定を依頼されている例がある。[3]

　上記のような証拠保管に関する制度の整備については、2010年の公訴時効廃止立法時の衆参両院の法務委員会において「公訴時効の廃止及びその期間の延長により、捜査が長期にわたる場合が増えることを考慮し、えん罪が発生する余地のないよう、捜査資料・証拠物等の適正かつ確実な保管を図る」旨の附帯決議がなされていることからも早期に実現されるべきであろう。

---

[3] 藤田義彦「『法科学研究所』創設への提言——冤罪のない安全と安心の社会を目指して」犯罪学雑誌81巻1号（2015）12頁。

コラム⑥
当事者鑑定の実際

　当事者鑑定を数多く引き受けてきた、株式会社法科学研究センター代表取締役・雨宮正欣氏にお話をうかがった。

株式会社法科学研究センターで取り扱う内容

　現在の日本において、中立の立場で組織的に科学鑑定を行う機関がほとんど存在しないことから、株式会社法科学研究センターでは、刑事事件及び民事事件での科学鑑定を弁護士から積極的に依頼を受けて活動している。

①法医
　代表的なものはDNA型鑑定である。いまDNA型鑑定は、さまざまな試料から抽出して行うことができる。血液、精液、骨をはじめ、皮脂があれば指紋からもDNA型鑑定を実施することが可能である。
　法医の分野としては、他に死因調査があり、たとえば死因が薬物によるものか暴行によるものかなどを検証することがある。

②化学
　化学は、世の中にある物質すべてが対象となり、大きく分類すると、工業製品と化学物質がある。
　工業製品の分野では、合成樹脂片、塗膜片や繊維片等が分析の対象となる。自動車が衝突した痕跡から採取した繊維片や塗膜片等の微物を機器を使って検査する。また痴漢事件等においても、微物検査は使用される。
　化学物質の分野は、薬物や毒物が問題となる。薬物については、薬物の検出の有無だけでなく、どの程度前に薬物を摂取したかなどを、警察の鑑定書から読み解くことができる。毒物については、混入していた毒物の分析などが検査の対象になる。注意すべきなのは、依頼において「何

の毒物が混入しているか調べてくれ」、「この粉末は何か」と無限定に検査することが毒物や薬物の鑑定としては難しい。検査対象の毒物の範囲を決めてもらう必要がある。また、アルコールの呼気濃度は、呼気へのアルコールの出方が人によって異なることから、再現実験をすることで飲酒量や時間を推定する。

③物理

物理の分野は、大きく分類すると銃器、交通事故解析、火災の3つに分けることができる。

銃器関係の鑑定は民間では難しい。銃器の殺傷能力を争う余地はほとんどないのではないか。

交通事故の鑑定では、索状痕をもとに事故態様を解明するなど、仮説に基づいて矛盾がないかという判断をすることになる。そこに、鑑定人の主観が入ることになる。そのため、別の鑑定人が行うことで違う結果がでることもありうる分野である。

火災の鑑定は、火傷の位置や燃え方から総合的に判断して、火災の出火元や出火原因等を明らかにすることなどを行う。

④文書

文書では、印鑑と筆跡の鑑定が多いが、最近はパソコンの文字など印刷物も対象とすることができる。文書の作成時期の鑑定を求められることも多いが、保存状態によって異なってしまうことからその判断は難しい。

筆跡鑑定は、鑑定人の主観性が高い分野であるが、最近はパソコンによる解析等を利用して客観性を持たせるようになってきている。ただ、同じ人が常に同じ文字を書くわけではない。色々な筆跡を集めて総合的に判断することになる。

印刷物の鑑定では、紙に書かれている対象が手書きなのかコピーされ

たものか、重なり合った文字のうちどちらが先に書かれたものか、同じ印刷インクで書かれたか、同じプリンターで印刷されたか、など検査することができる。

⑤心理

　心理の分野の代表的なものはポリグラフ検査である。もっとも、弁護側の方で、ポリグラフの再鑑定をするのは、捜査機関と違って事実を把握していないため実施が難しい。ポリグラフ検査の作業は、検査そのものより事前に質問を作る作業が最も重要である。

⑥足跡・指紋

　足跡や指紋の鑑定は、対照する試料の状態の問題が大きい。対照物が多ければ多いほど、費用と時間が多くかかってしまうことになる。

⑦画像

　画像を鮮明化して類似性などを判断する。ただ、警察で画像鑑定を実施していれば、それと違う方法を取ることは難しい。同じ画像資料からの判断であるため、結論はあまり変わらないことになる。しかし、捜査機関側は類似性を肯定することを目的として作業を行っているため、事実認定に偏りが多いこともある。

当事者鑑定の費用について

　当事者鑑定の費用は、検査費用と鑑定書作成費用が必要となる。これらの費用は、着手時に全額必要となるのが原則である。
　検査費用は、機械を使って検査をするのであれば検査の対象の数によって大きく変わってくる。機械利用の回数が多ければそれだけ費用が多く

かかる。1つの分析で、10万から30万円くらいの幅があるイメージを持っていただければよい。また、火災や交通事故の再現実験は、厳密に実施しようとすれば、実験の規模にもよるが、100万から200万円くらいの費用がかかることになる。

鑑定書作成費用は、作成する専門家によって異なるが、30万から50万円くらいのイメージを持っていただく必要がある。証人出廷の場合は、別途費用がかかることになる。

当事者鑑定を本格的に実施しようとすれば、多額の費用が必要となってしまう。費用面から本格的な実施が難しい場合には、鑑定書などの捜査記録をもとにして意見書を作成することや、専門家証人の尋問へのアドバイスなどを行うこともできる。その場合の費用は、当事者鑑定を実施するよりも低額である。また、本格的な鑑定を実施する前の予備検査であれば、費用を低額に抑えることも可能であるから、試してみることも考えられる。

当事者鑑定を実施する上での留意点

①科学は常に進歩しており、今まで分からなかったことが現在では分かることもある。ただし、鑑定は、信頼性を担保するため、確立された手法で行われる必要がある。そのため、最先端の科学技術の知見は鑑定で利用できないことも多い。その意味では、鑑定には限界がある。

②鑑定人となるには資格が必要ではないし、専門家にも様々な人がいる。当事者鑑定を依頼する専門家を選定するにあたっては、刑事裁判において証人として出廷して反対尋問に耐えられるかといった視点からもきちんと検討すべきである。

③検察官の証拠として鑑定書が提出された場合、弁護人として無理だと思ってあきらめる必要はない。セカンドオピニオンとして専門家に相談することで、その証拠に対して違う切り口が見つかることもある。それによって、その証拠の信用性を弾劾することが可能となることがある。同じ肯定の表現であっても、「認められる」「推定される」「可能性がある」などではそのレベルが異なる。特に、中間くらいの結果が出た場合に、どのような表現ぶりで書くかが難しく、鑑定人によって異なる。

第7章
尋問

I 専門家証人の尋問

1 専門家証人・証言の特徴

　通常の証人は、自己の体験した事実を語るために法廷に呼ばれる。言い換えると、通常の証人の場合、自己の体験した事実から合理的な推測を語ることまでは許されるが（刑訴法156条1項）、それを超える「意見」を述べることは許されない。

　これに対して、専門家証人は、科学的・専門的知見を用いて導き出した「意見」（とその説明）を述べるために法廷に呼ばれている。

　そのため、専門家証言の許容性・信用性を吟味する上では、①証人の能力・中立性、②科学的・専門的な原理の信頼性、③方法・手順の適切性、④鑑定資料や前提事実の正確性・同一性などが問題となるという特徴がある。

　したがって、専門家証人に対する尋問もこのような特徴を踏まえて行う必要がある。その具体的な内容は、後に記述することとし、ここでは専門家証人の尋問に備えた準備について記述する。

2 準備

(1) 調査

　事前に証人と十分な打合せをする前提として、弁護人もその分野に精通する必要がある。さもなければ、専門家と実のある打合せができず、尋問者が尋問における主導権、コントロールを失うことになってしまう。

　もちろん、私たちは医学その他の専門分野の専門家ではない。

　しかし、通常の証人尋問の場合であっても、証人の供述録取書等を始

めとする関係証拠を十分に検討し、その証人と同等あるいはそれ以上に事実関係を理解しているという状態で証人テストや実際の尋問に臨んでいるはずであり、そうあるべきである。

そして、このことは、専門家証人の尋問においても変わらない。

つまり、私たちは、医学その他の専門分野の専門家になる必要はないものの（実際にもそれは不可能であろう）、尋問のテーマとなっている事項については、関連する専門書・論文を読み、専門家から意見を聴取する等、徹底した調査を行い、そのテーマについて知識・理解を深めなければならない。もっとも、尋問のテーマについて知識・理解が深まるまで専門家証人との接触は控えなければならないというわけではない。実際、弁護人は専門家証人との打合せを通じて専門分野の知識・理解を深めていくのが通常であろう。このことは通常の証人尋問の場合と同じである。

(2) 専門家証人との打合せ（主に主尋問）

主尋問を行うにあたって事前に証人と十分な打合せを行う必要があることは、通常の証人尋問の場合と異ならない。

しかし、専門家証言の内容は、事柄の性質上、素人には容易に理解し難いものとなりがちである。したがって、専門家証人には、基礎にある科学的・専門的原理がどのようなものなのか、具体的にどのような実験・分析をしたのか、そこからどのような結論をどのように導き出したのかを素人が目で見て耳で聞いて分かるように説明してもらう必要がある。その際、専門用語を出来る限りかみ砕いて説明してもらう、複雑な実験データ等を説明するにあたっては視覚資料を活用する等の工夫も必要になるであろう。そして、このような点について、証人とは事前に十分な打合せをしておかなければならない。

また、専門家証人に限ったことではないが、尋問の進め方や裁判のルール等についても、証人の経験に応じて弁護人から予め説明しておくのが良い。

II 主尋問

1 主尋問の構成

　通常の証人に対する尋問の基本や技法の多くは、専門家証人に対するそれにも当てはまる。
　ただし、専門家証人の場合、その証言の許容性・信用性は、①証人の能力・中立性、②科学的・専門的な原理の信頼性、③方法・手順の適切性、④鑑定資料や前提事実の正確性・同一性などによって基礎付けられるという特徴があることは先に述べたとおりである。
　そのため、主尋問では上記①〜④の点を盛り込む必要がある。
　また、専門家証人の尋問では、当該証人の体験した事実を語ってもらうことに主眼があるわけではない。そのため、通常の証人に対する尋問のときのように尋問の構成が時系列に沿ったものでなければ分かりにくいということはない。むしろ、テーマごとに上記①〜④の点を盛り込んだ構成にする方が事実認定者の理解に資することが多い。

2 尋問例

弁護人　先生の所属を教えて下さい。
証　人　東西医科大学法医学講座の教授を務めています。
弁護人　そこでは、普段、どのような仕事をされているのですか。
証　人　法医学の専門家として、変死体などの司法解剖や主として亡くなった方の死因を調べるために行う行政解剖などを行っています。
弁護人　今日は、田中一郎さんが亡くなった原因や田中さんのご遺体に残っていた傷とその原因について、先生の意見を伺うことになっていますが、よろしいですか。
証　人　はい。
弁護人　まずは、先生の経歴を簡単にご紹介下さい。

証　人　平成元年に早慶大学を卒業後、同大学の大学院法医学教室に入って、平成5年にそこを卒業しました。その後は、東都医科大学の法医学講座に助教として入り、平成10年に講師、平成17年に準教授、平成19年9月からは現職にあります。

弁護人　これまでに死体を解剖した経験はどれくらいありますか。

証　人　17、18年くらいになります。

弁護人　自ら執刀した件数はどれくらいです。

証　人　大体1000体くらいになると思います。

弁護人　今回のように法医学の専門家として証言をされた経験はどれくらいあるのでしょうか。

証　人　60回は超えていると思います。

弁護人　今回、鑑定をするに当たって、どのような資料をご覧になりましたか。

証　人　弁護人から提供された資料を拝見しました。

弁護人　主なものを具体的に挙げてもらえますか。

証　人　田中さんを解剖された柴崎先生の鑑定書や解剖時の写真、血液型や薬毒物等の各種検査のデータ、他にも田中さんが通院されていた立川総合病院の診療記録などを確認しました。

弁護人　それでは、はじめに結論を伺いますが、田中さんの死因についてどのように判断されましたか。

証　人　鼻口部閉塞による窒息死と判断しました。

弁護人　鼻口部閉塞による窒息死とはどのようにして人が死に至ることをいうのでしょうか。

証　人　ごく簡単に申し上げますと、鼻口の閉塞によって、呼吸が障害され、低酸素血症となります。そして、低酸素血症となると、脳が機能障害に陥り、遂には死に至ります。

弁護人　柴崎先生は、頸部圧迫による窒息死と判断しているが、その可能性についてはどうか。

証　人　頸部圧迫による窒息死の可能性はないと判断しました。

弁護人　まず、田中さんの死因が窒息死と判断した根拠を教えて下さい。

証　人　血液の暗赤色調を帯びて流動性が高まっていたこと、肺などの臓器がうっ血していたこと、眼瞼や眼球結膜に溢血点が見られたこと、主にその3点です。
弁護人　次に、田中さんの死因が鼻口部閉塞による窒息死と判断した根拠を教えて下さい。
証　人　田中さんがうつぶせの状態で発見されていて、その顔面に表皮剥脱も見られたことが主な根拠です。
弁護人　では、頸部圧迫による窒息死の可能性を否定した根拠は何ですか。
証　人　それは、田中さんのご遺体に頸部圧迫の痕跡と判断できるような所見が全く見られなかったことです。
弁護人　柴崎先生が「索状痕」と判断している頸部の帯状の表皮剥脱はどのような説明になるのでしょうか。
証　人　それは、皮膚がふやけて剥離したもので、索状痕ではありません。

　なお、専門家証人の取調べと併せてその証人の作成した鑑定書の取調べを刑訴法321条4項に基づいて請求している場合には、上記のような尋問の他にいわゆる真正立証が必要となる。
　また、実務では、専門家証人の主尋問において、尋問例のような一問一答方式ではなく、はじめに証人の経歴など前提事項について一問一答方式で尋問をした後、「それでは、よろしくお願いします」などと言って、本題については一方的に専門家証人に語らせるという方式（「プレゼン方式」）がとられることが少なくない。このようなプレゼン方式には、分かり易さの点で一定のメリットがあるのかも知れない。しかし、プレゼン方式は、尋問者が証人のコントロールを失う点で大きなデメリットを抱えている。つまり、尋問者が個別の尋問を通じた専門家証人に対するコントロールを失い、専門家証人が一方的に語ることになると、争点と関連性の薄い事項が延々と語られ、肝心の事項の説明が手薄になる、専門用語や専門家固有の言い回しが乱発する、証拠としての許容性を欠く供述がなされる等、様々な弊害が生じ得る。証拠法のルール、裁判の争点、証言の許容性・信用性を基礎付ける要素を十分に理解した上で、分かり

易い尋問を組み立てるのは、法専門家である訴訟当事者（尋問者）の役割であるから、専門家証人の主尋問においても、一問一答方式を原則とすべきである（刑訴規則199条の13第1項も「できる限り個別的かつ具体的で簡潔な尋問によらなければならない」と規定する）。

III 反対尋問

1 事前準備

(1) 調査

尋問者が、尋問のテーマについて、徹底した調査を行い、知識・理解を深めなければならないことは、主尋問の場合と同様である。

また、通常の反対尋問の準備と同様、証拠開示を通じて、その専門家証人の鑑定書、供述調書、メモ等、今回の鑑定に関するすべての証拠を手に入れて、それを精査することが不可欠である。それに加えて、専門家証人に対する反対尋問の準備の際には、その専門家証人が執筆した論文・書籍、過去に行った鑑定等、その専門家証人の経歴や業績についても調査をする必要がある。

(2) 事前の接触

多くの専門家証人は、事前の面談に応じてくれるので、調査がある程度進んだところで、専門家証人との事前の接触を試みるべきである（もし事前の面談を拒否する専門家証人であれば、それ自体が、その専門家証人の中立・公正さを揺るがす材料となり得るであろう）。

もっとも、専門家証人との事前の面談の際には、そこで「何をどのように聞くか」・「何をどのように伝えるか」について、慎重な検討が必要であろう。なぜなら、弁護人の疑問点や問題意識をぶつけることで、その専門家証人の意見の弱点がより確実なものとなることや新たな弱点が浮かび上がってくることもないわけではないが、そのことで弱点が専門家証人・検察官に伝わってしまい、後日、その弱点をフォローされてしまう

リスクがあるからである。

(3) ターゲットを絞る

　通常の証人に対する反対尋問の基本や技法の多くが、専門家証人に対するそれにも当てはまることは主尋問の場合と同様である。

　例えば、弾劾の材料もないのに闇雲に疑問を投げ掛けるような尋問、あるいはこちらのケースセオリーと必ずしも矛盾しない点を躍起になって弾劾しようする尋問は厳に避けなければならない。なぜなら、そのような尋問をすれば、証人からは必ずや専門的知見に基づき理路整然と説明され、それによってこちらが受けるダメージは通常の証人の場合以上に深刻だからである。したがって、弾劾のターゲットを絞ることが、通常の証人に対する反対尋問と同様あるいはそれ以上に重要となってくる。

　すなわち、①証人の能力・中立性、②科学的・専門的な原理の信頼性、③方法・手順の適切性、④鑑定資料や前提事実の正確性・同一性などによって証言の許容性・信用性が基礎付けられるという特徴を有する専門家証人に対しては、上記①〜④の「どこに問題があるのか」、「それは反対尋問で弾劾すべきものなのか」を十分に吟味した上で反対尋問を行わなければならない。そして、このような吟味の結果として、反対尋問を行わないという結論に至ることも決して少なくはないであろう。

2　尋問の技法

(1) はじめに

　専門家証人の証言の許容性・信用性を基礎付ける要素（上記①〜④）に沿って、代表的な尋問の技法とそれぞれの例を紹介する。

(2) 能力・中立性に関わる尋問

　専門家証人であるためには、その証人がその専門分野の十分な知識・経験を有していることが必要である。逆に言えば、証人にそのような十分な知識・経験がない場合、その点を反対尋問で指摘することになる。

しかし、実際の裁判で、資格、知識・経験、中立・公平性を全く欠くような者が証人になることは稀有といえるから、この点が正面から問題になることは決して多くはないであろう。比較的あり得るのは、専門家証人が、その証人の専門分野・領域から外れる事項について、恰も専門家の意見であるかのように意見を証言するようなケースである。例えば、医師が統計学に関する意見を証言しようとする場合、あるいは自動車工学の専門家が化学に関する意見を証言しようとする場合などである。この場合、その証人にはその分野の意見を語る資格がないのであるから、その証人の語った意見は専門家による意見証拠に当たらない。もっとも、このような専門外の証言を引き出そうとする尋問が行われた場合、あるいは専門外の証言が行われた場合、当事者としては、その段階で異議を述べるべきであるから、もし反対尋問で指摘することがあるとすれば、異議が認められなかった場合、あるいは異議自体は認められたものの、事実認定者の誤解を避けるために確認的・補足的な尋問を行っておく必要がある場合ということになろう。

　専門家証人の能力に関わる尋問として、他には、弁護側でも専門家証人を用意していて、資格、あるいは知識・経験の点で検察側証人と弁護側証人との間に有意な差が認められるような場合、例えば、同じ専門分野の資格であっても、検察側証人の持つXという資格より、弁護側証人の持つYという資格の方が権威のある資格である場合、検察側証人に「資格Yが無いこと」や「資格Yが資格Xより権威のある資格であること」を確認する尋問を行うことが考えられる。

　なお、専門家証人の中立性（公平性）を争う方法としては、当事者との関係、立場上の偏見の有無・内容を吟味・検討した上で、それを反対尋問において指摘することが考えられる。科学警察研究所や科学捜査研究所の鑑定などは、本来、中立性（公平性）が厳しく問われて然るべきであるが、実際の裁判では、その点を反対尋問で指摘しても、奏功することは多くない。

【尋問例】

事案の概要

　生後間もない自分の子どもを殺害したとする殺人被告事件において、弁護人は、被告人が産後に罹患したうつ病（いわゆる産後うつ）の影響を受けていたことを理由に責任能力を争っている。被告人の精神鑑定を実施した精神科医が検察側証人として出廷し、被告人は当時うつ病に罹患していたが、犯行に与えた影響の程度は大きくない旨証言した。

反対尋問のポイント

　鑑定を実施した精神科医は、これまでいわゆる産後うつに罹患した症例について鑑定した経験はなかった。そこで、産後うつの鑑定経験がないことが本件の鑑定人としての能力・資質が十分でないことにつながる事情となることを主張することを目的とする反対尋問を行った。

弁護人　先生は、刑事事件で精神鑑定を実施した経験が50件ほどあるということですね。
証　人　はい。
弁護人　その中で、うつ病と診断した症例は何件くらいありますか。
証　人　10件ほどだと思います。
弁護人　では、その中で、産後うつの診断を行った事例はありますか。
証　人　ありません。
弁護人　「産後うつ病」或いは「産褥精神病」といった診断名は、少なくとも臨床的な観点から医学的に他の精神症状と区別されていますね。
証　人　そうですね。
弁護人　産後うつは、セロトニンなど特定のホルモンの影響で発症する可能性があるという研究がなされていることはご存知ですか。
証　人　聞いたことはあります。

弁護人　産後うつであるかを判断するための独立した検査手法もありますね。
証　人　あると思います。
弁護人　例えば、「エディンバラ産後うつ病自己質問票」などが国際的にも信頼されたテストとして知られていますが、ご存知ですか。
証　人　はい。
弁護人　今回、鑑定にあたっていくつか心理検査を実施されていますね。
証　人　はい。
弁護人　「エディンバラ」は実施していませんね。
証　人　はい。
弁護人　産後うつの場合、双極性障害（躁うつ病）のリスクが高いという研究報告があることはご存知ですか。

　　　　　　　　　　＜以下略＞

(3) 科学的・専門的な原理の信頼性に関する尋問

　証人の依拠した科学的・専門的な原理・方法自体の信頼性を揺るがすことができれば、それは最も効果的な反対尋問ということになる。このような尋問が奏功するケースは必ずしも多くはないが、次の例にあるように、専門家証人の意見が、未だ確立しているとは言い難い原理・方法に依拠しているような場合には、その点を指摘することが考えられる。

【尋問例】

事案の概要
　犯人が被害者の自転車のかごからバッグを奪ったという事案。
　犯人性が争点となり、検察官は、防犯カメラ画像に映った犯人の顔と被告人の顔の一致に関する顔貌鑑定の鑑定書を証拠請求した。
　弁護人は、鑑定書を不同意とし、鑑定人の証人尋問が実施された。検察官の主尋問では、「犯人の顔と被告人の顔は、下顎のラインや耳の形が一致しているため、犯人と被告人は同一人である」との結論が証言された。

反対尋問のポイント

　弁護人は、鑑定人が証言するような犯人や被告人の顔の特徴について、出現頻度が数値化されていないにもかかわらず、それを基に顔貌の一致を結論づける鑑定の方法が不適切であり、この点を最終弁論で主張しようと考えた。
　そこで、反対尋問では、鑑定人が証言する犯人と被告人の顔貌の特徴について、出現頻度に関する統計的な裏付けがないことを示すことを目的として、反対尋問を行った。

弁護人　証人が、顔貌鑑定を行い、犯人と被告人が同じ人物であると判断した根拠について聞きます。
証　人　はい。
弁護人　顔貌鑑定の方法について、公的機関が発表しているガイドラインなどはありませんね。
証　人　ありません。
弁護人　顔貌鑑定では、顔の特徴の何点が一致したら同一人と判断するというような基準もないですね。
証　人　ありません。
弁護人　ところで、主尋問では、犯人の下顎のラインが特徴的であると証言していましたね。
証　人　はい。
弁護人　ただ、こうした特徴が日本人の何人に一人の割合で見られるかについて、統計的なデータはありませんね。
証　人　そういったものは、ありません。
弁護人　犯人の耳の形の特徴についても主尋問で指摘がありましたが、こうした特徴の現れやすさについても、統計的なデータはないですね。
証　人　ありません。

　科学的・専門的な原理・方法の信頼性に関する尋問を検討する際に忘

れてならないのは、この点の反対尋問には、専門家証人に説明の機会と時間を与えるリスクが伴うことである。したがって、もしこの点を争うのであれば、弁護側で専門家証人を立てるか、別途、学術書・論文などの書証をもって反証することの方が、効果的であって、遥かに安全な場合も多いであろう。

(4) 方法・手順の適切性に関する尋問

方法・手順の欠落、つまり、重要な検査・実験の懈怠、あるいはその不十分さ等を指摘することが考えられる。

例えば、その分野の専門家であれば当然知っているはずの検査・実験のガイドライン等について、その存在・内容を確認した上で（万が一、その存在・内容を「知らない」と答えた場合には、それ自体が当該証人の能力の欠如を意味することになろう）、今回の検査・実験ではそのガイドラインで定められたプロセスがとられていないことを確認するというものである。

【尋問例】

<u>事案の概要</u>

本件では、被告人の責任能力が争点となっているが、捜査段階では精神鑑定が行われていなかった。そこで、検察官は、起訴後、X医師に被告人の精神鑑定を嘱託した。その後、X医師は、検察側証人として出廷し、被告人が本件犯行当時精神障害に罹患していなかったと証言した。

<u>反対尋問のポイント</u>

本件では、精神鑑定の際にX医師が被告人に対する各種検査を実施していないという特殊な事情があった。そこで、弁護人は、精神鑑定において通常行われるべき検査が行われていないことを指摘することで、X医師の証言の許容性・信用性を弾劾することとした。

弁護人 先生は、検察官から提供を受けた一件記録を精読して鑑定を行っ

たと仰いましたね。
証　人　はい。
弁護人　精神鑑定の際には、様々な検査を実施することが多いですよね。
証　人　はい。
弁護人　頭部CT検査や脳波の検査といった身体的検査を実施することが多いですよね。
証　人　はい。
弁護人　ところが、今回はそういった検査はできなかった。
証　人　はい。
弁護人　他にも、ウェクスラー成人知能検査やロールシャッハテストのような心理検査を実施することが多いですよね。
証　人　はい。
弁護人　しかし、それらも今回はできなかった。
証　人　はい

⑸　**鑑定資料や前提事実の正確性・同一性に関する尋問**
　専門家証人の意見は、ある資料や事実を前提としている。したがって、その前提となっている資料や事実が変われば、結論である意見も変わることが多い。言い換えるなら、意見の前提条件が揺らげば、その許容性・信用性も揺らぐことになる。判例も、精神医学者の意見の信用性の判断手法が問題となった事案において、「専門家たる精神医学者の意見が鑑定等として証拠となっている場合には、鑑定人の公正さや能力に疑いが生じたり、鑑定の前提条件に問題があったりするなど、これを採用し得ない合理的な事情が認められるのでない限り、その意見を十分に尊重して認定すべきものというべきである」(最判平20・4・25)と判示しているが、同様の趣旨と思われる。
　そこで、鑑定資料や前提事実の正確性・同一性に関する典型的な反対尋問は、意見の前提となる資料や事実を固めた上で、資料や事実が変われば、あるいは欠ければ、意見も変わり得ることを確認するというものである。もっとも、ここで確認すべきは、意見が変わり得るという「論理」

であって、「結論」ではない。専門家証人に対する反対尋問において「結論」を聞くことの危険性は、通常の証人の場合以上であるから注意を要する。

【尋問例】

事案の概要

　被告人が、トラックを運転中、対向車線にはみ出してバイクと正面衝突をさせ、過失運転致傷罪の成否が問題となった事案である。
　被告人の主張は、事故直前、片側一車線の道路を直進していたところ、左方の脇道から乗用車が猛スピードで突っ込んできたため、それを避けようと反射的にハンドルを右に切った結果、対向車線にはみ出したというものであった。
　乗用車が走行してきた場所にはブレーキ痕が残っており、乗用車が急ブレーキをかけていたことは争いがなかったが、急ブレーキをかけた段階での速度が争点となった。

反対尋問のポイント

　検察側の鑑定人は、ブレーキ痕の長さが5メートルであることを前提に、乗用車が急ブレーキをかけ始めた時点での速度が、時速約28〜32キロメートルであると算定し、その旨を主尋問で証言した。
　鑑定人が依拠していたブレーキ痕の長さは、実況見分調書に記載されたものであったが、実際の事故現場でブレーキ痕を確認すると、薄く印象されたブレーキ痕が7メートル程度まで印象されていた（この点は、検察官立証の後、弁護側の専門家証人により立証する予定であった）。
　そこで、鑑定人に対する反対尋問では、ブレーキ痕の長さが異なる場合には、速度に関する結論が異なることを確認することを目標とした。

弁護人　先ほどの主尋問で、乗用車の速度について、鑑定した結果を述べていましたね。
証　人　はい。

弁護人　その前提として、ブレーキ痕の長さは、5メートルという数値を用いていますね。
証　人　はい。
弁護人　これは、警察官の作成した実況見分調書に記載のあった数値ですね。
証　人　はい。
弁護人　あなたは、その時の実況見分には立ち会っていませんね。
証　人　はい。
弁護人　あなた自身が現場に行って、ブレーキ痕の長さを確認したこともないですね。
証　人　ありません。
弁護人　ブレーキ痕の長さが変われば、速度に関する鑑定結果も変わりますね。
証　人　そうですね。

(6) 有利な情報の獲得

　検察側証人であるからといって、その者の語ること、あるいは語るであろうことが全て弁護側のケースセオリーに反するものであるとは限らない。むしろ、弁護側のケースセオリーを支える情報を引き出すことのできる場合の方が多いといえよう。このことは通常の証人であると、専門家証人であると変わらない。
　例えば、最終意見については争いがあるものの、それ以外の領域ではこちらの意見に同意できるということもある。その場合には、その領域での同意を反対尋問で獲得しておくのが良い。同様に、弁護側でも専門家証人を用意していて、両証人の最終意見は一致しないものの、検察側証人も、弁護側証人の能力、つまり知識・経験が十分であることは認めているような場合、それを反対尋問で確認することができれば、相手方の専門家証人によって自身の専門家証人の信用性を基礎付けることができるであろう。

【尋問例】

事案の概要
被告人は、被害者を殺害したとして起訴され、弁護側は第三者による犯行の可能性が否定できないとして犯人性を争っていた。

反対尋問のポイント
事前の調査の結果、消化にかかる時間には、そもそも個人差がある上に、その日の体調、さらには食べた物の種類や量によっても影響を受けるため、胃の内容物から死亡推定時刻を特定できないことが判明していた。
そこで、犯行時刻に幅を持たせ、第三者による犯行の可能性を高める一事情として、この情報を検察官側の専門家証人から引き出すため、次のような反対尋問を行った。

弁護人　死亡から解剖着手時までの経過時間を特定して、そこから死亡したのが〇月〇日の〇時頃だとか、特定できないということですね。
証　人　はい、無理ですね。
弁護人　被害者の胃の内容物は野菜のようなものが少量あったということでしたね。
証　人　そういうふうなものはありました。
弁護人　消化時間について伺います。例えば、消化時間は、食べた量によりますよね。
証　人　はい。
弁護人　いっぱい食べればその分、時間がかかるし、少ししか食べなければすぐに消化する、ということでよいですか。
証　人　はい。
弁護人　それは、料理の仕方によっても変わってくるわけですか。
証　人　変わりますね。

弁護人 例えば、野菜をそのまま生で食べたのか、火を通していたのかでも変わってきますか。
証　人 はい。
弁護人 胃の消化時間には、個人差も当然あるわけですか。
証　人 当然あります。
弁護人 同じ人でも、その日の体調によって変わることもあるんでしょうか。
証　人 ありますね。
弁護人 確認ですが、ご遺体からは、この人がどの程度食べたのかは分からないですよね。
証　人 はい。
弁護人 例えば、ごく少量の食事だったために、亡くなったのが、食後1時間程度だったという可能性はありますか。
証　人 あると思います。
弁護人 逆に、大量の食事をとったため、食後から4、5時間経過していた可能性というのもありますか。
証　人 あると思います。

コラム⑦
DVD「警察におけるDNA型鑑定」の問題点

　DNA型鑑定を争う場合には、鑑定を実施した鑑定人を証人として尋問することになる。鑑定人尋問一般の留意点は本書第7章を参照していただきたい。ここでは、尋問の際に上映することがあるDVDについて留意点を指摘しておきたい。

　裁判員裁判の導入をきっかけにして、科学的鑑定手法であるDNA型鑑定を一般の裁判員にわかりやすく伝えることを目的として、「警察におけるDNA型鑑定」というDVDが作成された。DNA型鑑定が争われた事件で、鑑定人尋問を実施する際に、このDVDを上映することがある。

　DVDの内容は、わかりやすく伝えることを目的としていることもあってか、DNA型鑑定の問題点についてあえて触れていない部分もある。その問題点を日本大学医学部名誉教授の押田茂實氏が指摘している（『法医学者が見た再審無罪の真相』〔祥伝社、2014年〕169頁以下）。以下のような7点を指摘しているので、参考にされたい。

① DNA型鑑定の危険性についての説明がないこと。
② DNA型鑑定が全自動で行われているかのように描かれていること。
③ 陽性対照・陰性対照の重要性を何ら説明していないこと。
④ 再鑑定の保証に何ら言及していないこと。
⑤ 出現頻度について架空の人物像を前提に説明していること。
⑥ チャートやエレクトロフェログラムの重要性について何らの説明がないこと。
⑦ 鑑定書にどのような資料を添付する必要があるかについて、何らの言及もないこと。

科学的証拠を活用した弁護人に聞く

第8章
インタビュー **DNA型再鑑定を求め逆転無罪となった事例**

西田隆二弁護士（宮崎県弁護士会）

事案の概要

　本件は、某市内繁華街の路上において、某日午前2時過ぎ頃、犯人が女性に対し、両肩を押さえつけて接吻しようとし、続けて別の場所に引っ張っていき衣服をまくり上げて乳房を舐めるなどした上、陰部に指を挿入するなどし、さらに仰向けに転倒させて強姦したという強姦事件である。

　被告人とされたX氏は、飲酒の影響で事件当時の記憶が全くなく、一審では事件性及び犯人性が争われた。目撃者はなく、被害者とされる女性の供述が主たる証拠であった。X氏から姦淫されたという女性の供述を強く裏付ける証拠とされたのが、女性の胸の付着物からX氏のDNA型が検出され、膣液から精液が検出されたという鑑定結果であった。ただし、精液については、抽出されたDNAが微量であったため、PCR増幅ができず、DNA型鑑定には至らなかった旨の鑑定書が作成されていた。一審判決は、女性の供述の信用性を肯定し、X氏に懲役4年の実刑判決を言い渡した。

　X氏は控訴し、控訴審では、精液のDNA型鑑定には至らなかったという女性の膣液の鑑定結果が問題とされた。弁護団の主張が認められ、控訴審で、女性の膣液が付着した綿棒の再鑑定が実施された。そして、再鑑定の結果、混入していた精液のDNA型が判明し、X氏とは全くの別人であるという結論が導かれた。この再鑑定結果などが決め手となり、控訴審で逆転無罪となった。検察官の上告はなく、

確定した。
　本稿は、X氏の控訴審弁護人であった西田隆二弁護士にインタビューを行った記録を書き起こしたものである。

事件受任の経緯

先生は、どのような経緯で事件を受任されたのでしょうか。

西田　私は控訴審から受任しました。原審弁護人の野平康博弁護士と大学時代の同級生だということもあり、無罪になった鹿児島の老夫婦強盗殺人事件での控訴審を一緒に宮崎でやったことがありました。その付き合いがあったのと、私自身が割とDNA型鑑定をこの間扱ってきたものですから、DNAが争点になるので手伝ってほしい、ということで控訴審から受任することになりました。

一審[1]の争点

この事件の争点は、どういうところにあったんでしょうか。

西田　まず第1に、客観状況の不自然性が挙げられます。繁華街で手を引っ張って無理矢理連行されたという目立つ状態であり、途中通行人もいたというのに、捜査機関によると目撃証人がいないとのことでした。また、X氏はやっと足が地面につく自転車にまたがっていたのですが、その状態で本当に強引に連れていかれたといえるのかどうかも疑問でした。そして、一番大きいのは、仰向けに転倒させられて路上強姦されたというのに傷が

---

1 鹿児島地判平26・2・24LLI/DB判例秘書登載。

一つもないんですね。直後に被害申告してますから、産婦人科医に診てもらってるんですよ。彼女は抵抗したと言っているのに、擦過傷すら見られてないっていうのは非常におかしい事件だと思います。

　第2に、目撃証言がないと言いましたが、連れていかれる過程での目撃証言はないんですけれども、ちょうど強姦されようとしているときに現場を通りかかっている人がいるんですね。その方を原審弁護団が探し当てまして、その人の証言をとったんですね。そして、強姦されたという現場付近の駐車場の防犯カメラ映像が残っているものがありました。X氏と女性らしき人が最初に現場に行くときの場面と、彼女が1人でその場を立ち去る場面も写ってるんですよ。それから、証人がバイクで帰るときにライトがつく映像も残っていました、それで彼女が現場にいた時間が特定できるんですね。バイクに乗った証人が帰って、その後彼女がその場を立ち去るまでの間に強姦がされたということになるんですけど、その間が45秒しかないんですよ。この不自然性が2つ目の争点です。

　3つ目が事件後の言動です。直後に、まず彼女がアルバイトしていたお店の人に助けてとメールし、その人がやってきてすぐ警察に行き、かつすぐ産婦人科にも行ったという話でして、当初より被害を訴えている。彼女とX氏に面識はなくうそをいうような理由も見当たらない。裁判所は教科書的にこの点を重視したのだと思います。ただ、そのアルバイト先の人が、助けを求めている彼女に、「犯人がそこに戻ってくるかもしれないので、そのままそこにとどまるように」と指示したというんです。被害を受けたはずの女性にそんなことを言いますかね。

　最後の争点が、DNAです。この4つだと思います。

一審でのDNA型鑑定について

今回はDNA型鑑定の問題についてお聞きしたいのですが本件では、どのようなものが鑑定に回されたのでしょうか。

西田　彼女の膣内容物を綿棒で３カ所採取していました。膣前庭部、膣口部、子宮口部。その綿棒が鑑定に付されました。

精液については、抽出されたDNAが微量であったためPCR増幅ができず、DNA型鑑定には至らなかったということが一審の判決でも前提にされているようなんですけども、これは鑑定書として出てきたのですか。

西田　一応「鑑定書」として、結論だけ書いた１枚ものの紙が出てきました。

この鑑定には弁護側としてどういった問題があるとお感じでしたか。

西田　原審弁護人は、そもそも素朴に、担当した技官が、精子が確認されたと証言しているのに、DNA型鑑定ができないっていうことがあるんだろうかという疑問を持ちました。ただ一方で、精子はあったものの、誰の精子か分からないという状態だったわけですから、一審弁護団としては、Ｘ氏との結び付きは立証できたとは言えないと考えました。

そうすると、一審の段階では、この鑑定について、もう一回弁護側でやり直そうとか、そういう話になったのでしょうか。

西田　先ほど述べましたように鑑定不能という点に問題意識はあったんですけど、立証責任は検察官にあるわけですから、これが被告人のものだと認定しようがないと考えました。

そもそも、DNA型鑑定についていろいろと相談できたり、さらに鑑定をお願いできる所があればまだしも、そういうところはあまりないことから、再鑑定を強く求めることまではしませんでした。

結局一審では有罪になってしまったわけですけども、精液のDNA型鑑定ができなかったということについては、判決ではどういう認定になっていたのでしょうか。

西田　それがですね、ちょっと驚くべきことなんですけど、動かしがたい事実として、「いずれの膣液からも精液が検出された。ただし、精液については、抽出されたDNAは微量であったため、PCR増幅ができず、DNA型鑑定には至らなかった」とされてしまったんですね。本来は、精液が検出されたのにそのDNA型鑑定ができなかったという、鑑定の結論自体を疑わなければならないのに、何の疑いもなくこの鑑定結果を「動かし難い事実」として信用してしまったんです。また、こういうことも言っています。「なお、いずれについても、資料採取から鑑定に係る全過程において、資料の汚染等鑑定結果の信用性に疑いを差し挟む事実は見当たらない」と。これも動かし難い事実なんだと。

その上で、「膣前庭部（陰核から膣口までの小陰唇に囲まれた部分）という、空気に触れやすく精液が付着しても排尿や入浴等によって容易に流されうる位置から精液が検出されたという事実は、その精液が、採取された時点に近接する時期に付着したことを強く示すものである」という認定を前提にした上で、直前の性交渉はパートナーとの間で1週間前だと彼女が証言していたことにつき、「被害者が精液のDNA型鑑定に専門的知識を持っていて虚偽の申告をしたとは考え難いから、この申告は信用できる」としました。そして、「事件直後に被害者の膣前庭部から精液が検出されたことは被告人から姦淫されたとする被害者の供述を

強く裏付けている」と結び付けてしまってるんですね。誰のものか立証できなかった、と言いながら。

控訴審[2]でのDNA型鑑定について

このようなDNA型鑑定の評価について、控訴趣意書でどういった主張をされたのでしょうか。

西田　一番の柱はやはり、科捜研の鑑定結果に対する疑問ですね。特に、精子は存在していたと言いながら、鑑定できなかったということがあり得るのかということでした。

　　　それから、実は原審弁護人も当初から問題視していたのですが、女性のショートパンツから別の男性のDNA型が検出されてたんですね。そういう事実も見られるのに、DNA型鑑定、特に精子について放置していいのかということを強調しました。

　　　あと、鑑定に至る経過の不自然さですね。これは専門家のアドバイスによるんですけど、採取してから鑑定するまでの日にちが空いてたりする不自然さがあったんですよ。それを表にしました。全部の鑑定資料について、採取日がいつで、嘱託日がいつで、鑑定期間がどのぐらいあって、鑑定書の作成までがどれくらいかという流れを全部並べていくと、異様に間が空いてたりするんですよ。

　　　例えば膣内容物は、鑑定書が作成されたのが11月9日ですが、10月7日にもう採ってるんです。鑑定期間が異様に長いんですよ。

　　　ここから直ちに、何か明確なものが出てくるわけじゃないですが、他の鑑定の結果を見ながらやっているみたいなところがあったので、経過の不自然さを主張しました。

　　　あとは、一審でも問題にしていた、鑑定経過に客観性がない

2　福岡高裁宮崎支判平28・1・12判時2316号107頁。

ことです。司法研修所が出している本[3]にも、鑑定経過を明確に客観化しないと、鑑定の正確性というのは検証できないし、不適切だということが書かれていましたので、それを引用しました。本件では、採取したときの写真撮影とか、プロセスを書いた鑑定メモなどが全然残っていません。これでは単に結論が書いてあるだけであり、検証しようがないじゃないかということも主張しました。

検察官は答弁書でどういった反論をしたのでしょうか。

西田　まず、精子が確認されたら鑑定できるはずだという主張に対しては、相当細かい議論なんですけど、PCR増幅ができる最低の定量があって、それが0.5から1.0ナノグラム/マイクロリットルは必要で、今回は足りなかった、最低でも160から300個の精子が必要だとか、細かな反論をしてきました。
　　　ショートパンツに付着していた別人のDNAについては、頻繁に外部と接触するものだから、人混みなんかで接触すれば付着し得ると。DNAの二次転写なんて言葉を持ち出し、そういうこともあり得るんだと。そういう結構科学的な反論をしてきました。

科学的なことについて、専門家に相談をしたりはされたのでしょうか。

西田　控訴趣意書の作成と並行して、専門家の方にも相談にいきました。幸運にも東邦大学医学部の黒﨑久仁彦先生に相談に乗って頂くことができ、そもそも精子が確認できるのに鑑定できないということがあるのかなどについての疑問を聞きにいきました。

専門家の意見をふまえて、弁護人としてはどのような方策を考えたので

3　司法研修所編『科学的証拠とこれを用いた裁判の在り方』(法曹会、2013年)。

しょうか。

西田 先ほど述べた控訴趣意書の主張は、専門家の意見も取り入れたものです。精子の存在が確認できるのであれば、普通はDNA型鑑定ができるはずだということは黒﨑先生からも御指摘頂きました。
　そこで、控訴審で再鑑定を求めることにしました。控訴趣意書でも再鑑定をするべきだと主張しました。ただし、裁判所がどうしても鑑定不要だというなら、当事者鑑定をやるしかないかな、と思っていました。

では、まずは裁判所を説得して、再鑑定を求めたということですね。

西田 そうですね。特にお金の問題がありますからね。

結果、裁判所で鑑定が採用されたわけですね。

西田 そうです。本当に裁判所が採用してくれてよかったです。

裁判所が鑑定を採用したのは、何が決め手になったのか、弁護人としてお感じになることはありますか。

西田 やっぱり原審からの素朴な疑問でしょうね。精子がある、それが認められているのに、今の科学で鑑定できないことがあるんだろうかと、常識的に考えてどうかということを強く投げかけたんですね。きっと、裁判所も同じような思いを持たれたんじゃないかと思うんですよね。
　しかも、決め手になる証拠じゃないですか。決め手になる証拠に関して中途半端にするっていうことが、真相究明という点で裁判所も気持ちが悪かったんじゃないかというふうに思うん

ですよね。

　そして、黒﨑先生に意見書を書いて頂いたことが決定的な後押しとなりました。科学的な見地から詳細に分析してもらって、「精子が確認できるにもかかわらず、DNA型検査が不能であったという点について、大いに疑問を感じざるを得ない」、「(再鑑定を)信頼できる専門家に依頼することを強く推奨する」と書いて頂きました。これは決定的だったですね。

やっぱりそういうのがあると、裁判官としても動くってことですかね。

西田　そうですね。意見書を書いてもらえたというのは本当に幸運でした。ただ、やはり良心ある科学者は、現状を憂いておられるわけですよね。事件の中身次第だとは思いますが、弁護人の問題意識が十分伝われば、科学者は応えてくださると、そこは結構実感としてはありますね。

鑑定人の選任はどのようにされたのでしょうか。

西田　弁護側は、日本大学名誉教授の押田茂實先生[4]を推薦しました。足利事件など冤罪事件で有名なので、検察側は反対するかと思ったのですが、意外にも「しかるべく」でした。実績のある科学者だから反対は言えなかったのでしょうね。

控訴審の鑑定でどういう結果が出たのか、概要を教えていただけますか。

西田　はい。結論は、X氏とは全く別人のDNA型が出ました。鑑定人の押田先生が証人尋問とかでもしきりに仰っていましたが、通常のルーティンな方法でやって、あっさりと鑑定ができたと。

4　一般財団法人材料科学技術振興財団鑑定科学技術センターにおいてDNA型検査に関する顧問も務めている。

びっくり仰天と言われました。

　常染色体STRの鑑定結果が出て、混合斑痕状態ですので、彼女の型が当然出ますが、プラス誰か別人のものが混ざってると。そこに、アメロゲニンでY染色体が出てるんで、続けてY-STRの鑑定[5]をやられたんですね。そうした所、そのY-STRの型と、ショートパンツに付着していた微物のY-STRの型が全く一致したんですね。つまり、ショートパンツについていた男性のものと、精子の型が一致した、これが鑑定結果です。

この鑑定が決定的な証拠になった、ということですかね。

西田　判決では、精子の付着した綿棒が、「いわば本件において、決定的な重要性を有する資料である」と指摘されていました。この鑑定結果で、彼女がうそをついていたことが明確になったわけです。彼女は、事件前に性交があったのは7日前の9月30日に交際相手との間であると証言しており、原審もこれを信用できるとしていたのですが、事件の直近で他の男性との性交渉があったことが明らかになったんですからね。そのことを彼女は隠していたわけです。

一審の鑑定の問題点

振り返って、一審の科捜研の鑑定の問題点としては、どんな所にあったのでしょうか。

5　性染色体であるY染色体上の16座位のSTR型を検査する手法である。Y染色体のDNAは、そっくりそのまま父親から子に伝えられ、父系遺伝するという特徴がある。常染色体のSTR型鑑定ほどの精度はないが、多型性があることも確認されており、父系の血縁関係を中心として男性の個人識別などに利用されている。強姦被害者の膣内容物など女性と男性のDNA資料が混合していると考えられる場合でも、Y-STR型鑑定であればそのうち男性由来のDNA型を検査することが可能なので、性犯罪の捜査にも有用であるとされている。司法研修所編・前掲注3書89頁、田辺泰弘「DNA型鑑定について」研修720号（2008年）59頁等参照。

西田　まず、閾値がこうだとかいうことで、それこそお役所仕事ですが、それ以下だったからやりませんでしたという、そういう姿勢でいいのかということですね。

　人ひとりを冤罪でおとしめる可能性があるんですよ。仮に科捜研の通常のやり方では出なかったとしても、別の方法でできることは当然知っていたわけですから、それをやっていれば一審段階で別の人のDNAが出たはずなんですよ。しかも、ショートパンツから検出された人物と同じものが。そういう警察の鑑定に対する姿勢の問題がありますね。

　また、判決文でも指摘されたんですけど、後に検証できるような、客観的な資料を、本当に見事なほど残してないんですね。鑑定のノートとか、残有資料ですね。警察は、鑑定途中で出たDNA抽出液を、捨てることにしてますって堂々と言うんですね。ノートにしてもそうですよね。メモ書きも捨てると。残せばいいだろうと。当たり前にできることをあえてやろうとしないという姿勢が問題ですね。▼6

　DNA型鑑定の精度がこれだけ高まっている以上は、そのプロセスも本当に精度が高くないと、一級品としての証拠価値が与えられるべきじゃないと思いますね。逆に極めて危険な証拠となってしまいますよ。

　本件は幸運にも警察の不手際が分かってきましたけど、恐ろしいのは、多くの事案で、そういうのが眠っている可能性があ

6　控訴審判決では、一審で実施された鑑定について、①DNA抽出後定量に使用したDNA溶液の残部について全て廃棄していること、②鑑定検査記録の記載が、いつ、どのような形でなされたものか不明であること、③後日の検証資料となり手続の適正の担保にもなる鑑定経過を記載した「メモ紙」までもが廃棄されていること、などの鑑定経過の不備を指摘した上で、「鑑定技術が著しく稚拙であって不適切な操作をした結果DNAが抽出できなくなった可能性や、実際には精子由来ではないかとうかがわれるDNA型が検出されたにもかかわらず、それが、その頃鑑定の行われていた被告人のDNA型と整合しなかったことから、捜査官の意向を受けて、PCR増幅ができなかったと報告した可能性すら否定する材料がない」と厳しく批判された。

ることです。なんとなく科学って聞くと、我々も思考停止しがちというところがありますが、何かおかしいなと思ったときには疑ってかかって、専門家に聞くなどして粘るという重要性を感じましたね。

控訴審の検察側鑑定の問題点

控訴審判決で、先ほどの鑑定が実施されたあと、検察側で秘密裏に鑑定がされていたと書かれています。これは、どんな経緯で発覚したんでしょうか。

西田　これは判決文で詳細に指摘されています。次のとおりです。4月16日に押田先生から鹿児島県警に鑑定試料が返されたところ、検察官は、翌17日にもう別の専門家に鑑定嘱託してたのです。そうしたところ、5月12日の打ち合わせ期日にはその鑑定ができたというんです。鑑定できなかったはずの鑑定ができてたんですね。その間、4月16日と5月12日の間に打ち合わせ期日も入っていたのですが、検察側は一切連絡せずこっそり再々鑑定を依頼し、5月12日に突然、「実は鑑定ができました」と言ってきたんですよね。それは怒りますよね。

　裁判所がまさに指摘していますが、訴訟上の信義の問題として、本当にあり得ない話だと思うんですね。

　判決文に検察官が連絡しなかった理由が書かれていますが、「(検察官は) 同鑑定に対し必要性が認められるかどうか疑念があったため及び簡易の手続で迅速に行えると考えたためである旨発言しており」、とあります。ここには二重の問題があってですね、まず、裁判所で鑑定の必要性が認めれられるか疑念があったからこっそりやったという点です。証拠の私物化であり、とんでもない話です。また、「簡易な手続で迅速に行えると考え

ため」って言いましたが、一審では鑑定できないって言ってたんですよ。冗談じゃないですよね。

さらに問題なのは、別の鑑定人のところに鑑定資料を持ち込んだのが、一審の鑑定をした科捜研の技官だったんですよ。彼のやった鑑定が正しいかどうかを判断してもらおうとしているその当人が鑑定対象物を持ち込むとはありえないことです。しかも、科捜研の技官ですからX氏の唾液などのDNA資料にも触れることができる人物です。作為が可能なのです。そのような人物が持ち込んでいるという構図自体がありえない。

だから裁判所が、必要性のみならず相当性を欠くということを、相当なページを割いて書いていますよね。

まして少ない資料ですからね。使っちゃったらもう取り返しがつかないのに、勝手にやっちゃうという所ですよね。

西田 綿棒の1本はもう、全部なくて棒だけになってたんですよ。それを今度は棒を刻んで鑑定したというんですよね。もう、次の鑑定は無理だったでしょう。それも裁判所に批判されていますよ。▼7 ちなみに、刻んだ棒からでも鑑定が可能だったというオチまで付いてますよね。

---

7 控訴審判決は、次のように検察官の姿勢を厳しく批判している。「検察官は、領置していた資料につき、一定量の資料消費が不可避でありかつ全く必要性も緊急性もない鑑定を嘱託したことで、……本件において決定的な重要性を有する非代替的な資料を、本件の事案の解明との関係では全く無意味に、一部滅失毀損させたものといわざるを得ない。このような検察官の措置は、著しく不適切である」、「希少かつ非代替的な資料が存在し、それらの消費を伴う鑑定を実施することが考えられる場合、ある鑑定を実施することは、同時に、同一資料を使用する異なる観点からの鑑定を不可能にしてしまう可能性があるのであるから、鑑定を実施するか否か、その際に、どのような観点から、何を鑑定事項とし、誰を鑑定人として、どのような鑑定を実施するかについては、当事者双方の意見を踏まえて、受訴裁判所が決するのが本来の在り方である」「本件においては、検察官が公益の代表者として重要な資料を領置していることを奇貨として、秘密裏に、希少かつ非代替的な重要資料の費消を伴う鑑定を嘱託したもので、その結果が検察官に有利な方向に働く場合に限って証拠請求を行う意図があったことすらうかがわれるのであって、単に上記の本来の在り方を逸脱したにとどまらず、訴訟法上の信義則及び当事者対等主義の理念に違背し、これをそのまま採用することは、裁判の公正を疑わせかねないものである」。

判決を受けての実感

控訴審で見事逆転無罪ということで、まず無罪判決を受けての弁護人としての感想をお願いします。

西田　控訴審のDNA型鑑定で精子の問題はクリアできたので、強姦はないなと思ってたんですが、正直なところ、不安はまだありましたね。

　　　ただ、ふたを開けてみると、杞憂でした。判決では、被害者供述の信用性についても相当のページを取って検討されていました。特に興味深かったのは、被害者供述の強制的なやりとりの部分を除いて並べてみると、通常のいわゆるナンパで、かつお金が絡んだナンパみたいな可能性も否定できないというところまで結構突っ込んで書かれていて、事実認定をしっかりとして頂いておりました。言うことなかったですね。本当に弁護士冥利に尽きるなと思いましたね。

　　　被害者供述の信用性については、彼女の過去をたどった人となりの立証ができたことも大きかったですね。ここは一審弁護団が本当に頑張ってくれました。以前から夜間徘徊していた情報があり、可能な限りの調査を行い、尋問でぶつけたら、彼女は大筋で認めたんですよ。もちろん単なる状況証拠に過ぎませんが、彼女がどんな生活をしていた子なのかというのは相当影響したと思うんですよね。

そういう意味では、仮に膣から出てきたのが被告人の精液でも、そういうストーリーだったら、無罪もあり得たかもしれないなという気がするのですが。

西田　そうですよね。冒頭に述べたように、原審弁護団がずっと言ってたように、あの状況で路上強姦でかすり傷一つないなんてあ

り得ないですし、運行する過程も変ですし、それから近くを通りがかったバイクの男性の証言との関係のおかしさとかね。その段階で無罪は十分あり得たとは思うんですよ。本当、この事件は証拠構造的に無理がある事件なんですよ。だから、一審裁判所の責任は重いと思いますね。

読者へのメッセージ

一般的なお話として、弁護側から鑑定を請求したり、あるいは弁護側で独自に鑑定をしたりするときに、何か工夫されている点や苦労されている点があれば、お願いします。

西田　苦労していることといえば、地方で科学的鑑定ができる方があまりいないことですね。環境が整ってないというのが率直なところですね。法医学関係の環境が乏し過ぎると思いますね。中でもDNA型鑑定は、本当に頼める方が少ないというのが率直な所ですね。

　　　だから、心ある科学者の方が仕事しやすい状況をどう作るかというのは本当に大事だろうなと痛感してます。

　　　本当に今回は幸運だったんです。DNA型鑑定の権威とされる先生にたどりつけましたので。ただ、その方も来る案件を全部受けるわけにはいかないでしょうから、やはり環境づくりは大事ですね。

　　　一方で、科学者も現状を憂いておられるんですね。今回再鑑定をお願いした押田先生もそうです。そういう憂いている科学者の方に、事件を紹介して食い下がれば、やはり放置できないって言うんでしょうか、そういう心意気みたいなのは科学者の中にあるなというふうに思います。それを信じて、諦めずにやっていると、今回のような結果が出ることもあると思います。

本当に諦めずに食い下がるのは大事ですよね。最後に、今後鑑定をこうやっていくべきだとか、こうあるべきだとか、何か思う所をご意見ください。

西田　まずは、鑑定過程の可視化を徹底することだと思います。いくら鑑定の精度が高まっている言っても、そのプロセスが検証できなければ、むしろ冤罪の危険が増すことになります。鑑定過程で作成したメモを残す、残余試料を残す、鑑定過程をビデオや写真で残す、どれも難しい事ではないはずです。
　他方で、今後捜査のために行うDNA型鑑定はすべて科捜研で扱って外には出さないなどという話があります。本件のようなひどいことをして裁判所から「訴訟上の信義の問題」とまで指摘されるような状況下にもかかわらず、さらに内部で独占するという話になれば、本当に危険が増す一方です。
　最後に、民間レベルの力をもっとつける必要があるということです。警察などは圧倒的な組織力を持ってやってるわけですから、それに対抗するには、民間レベルで、当事者鑑定とか、鑑定に結び付く検証とか、そういったことをするための連携が必要だと思いますね。横の結び付きを作って、できればそういう組織づくりをしないと、相手との力の差は圧倒的にありますから。今回は、たまたま幸運にもいい先生に巡り合いましたけど、いつもできるわけではないので、やはり問題意識を持って組織づくりをしなくてはいけないと痛感しています。

本日は、ありがとうございました。

第9章

インタビュー　**掌紋鑑定を活用して公訴取消となった事例**

高橋拓弁護士（仙台弁護士会）
齋藤智弁護士（仙台弁護士会）

事案の概要

　本件は、某市内の路上において、若年の女性に対し、犯人が押し倒すなどの暴行を加えわいせつな行為をし、加療約3週間を要する傷害を負わせたという強制わいせつ致傷事件である。

　事件の犯人とされたX氏は、事件から2年近く経過した2012年夏に、本件の被疑者として逮捕された。逮捕時から、X氏は、身に覚えがないとして被疑事実を否認していたが、検察官はX氏を起訴した。証拠開示によって、捜査機関が逮捕の決め手とした証拠が、犯行現場付近の金属製フェンスに残されていた掌紋とX氏の掌紋が一致したとの捜査結果であることが判明した。

　弁護人は、掌紋が一致したとの捜査結果の正確性や弾劾の方針を検証するために、指掌紋鑑定等の専門家に、当事者鑑定を依頼した。当事者鑑定の結果は、現場掌紋とX氏の掌紋が一致するとの結論は間違いないというものであった。しかし、鑑定人は、掌紋の「向き」に着目し、検察官が主張する「指掌紋は犯人が逃走したときに付着した」というストーリーを前提にすると、掌紋の向きが異なるという事実を発見し、そのことをまとめた鑑定書を作成した。弁護人は、公判前整理手続を通じて、上記の掌紋の「向き」に関する鑑定書を根拠として、現場の掌紋は別機会に付着したとの主張を柱とする弁護方針を確立し、公判の準備を行った。そうしたところ、起訴からお

> よそ1年弱が経過していた時点で、検察官は公訴取消を行うに至った。
> 　本稿は、X氏の国選弁護人であった高橋拓弁護士、齋藤智弁護士の両名にインタビューを行った記録を書き起こしたものである。

自己紹介

高橋　この事件は最初、私が管内の弁護士ということで被疑者国選で受けた事件でした。裁判員対象事件自体は2、3年に1回は回ってきていて、この管内の重大事件は多く受けていたと思います。今回の事件を受けたとき私が弁護士4年目でした。齋藤先生は1年目だったかな。

齋藤　はい。私は、裁判員はこれが初めてでした。

受任当初

高橋　被疑者国選でこれを受けたとき、すでに事件からはもう2年近く経っていました。罪名は、強制わいせつ致傷事件でした。路上で女性の口をふさいで押し倒して、着衣の中に手を入れて触ったというもの。女性がこけたときにけがをしたので致傷になりました。

受任したときの第一印象は。

高橋　起訴できないんじゃないかと思いました。最初は掌紋があるということも分かりませんでしたから、本当に起訴できるのかなというふうに思っていました。

逮捕された段階で、依頼者の認否はどういう形だったんですか。

齋藤　　当初から一貫して犯人性を否定し、被疑事実を否認していました。その事件の日に現場に行ったことがないということです。

起訴されてからの証拠開示のことや、どこで鑑定、指掌紋のことが出てきたのかっていうのを教えてもらっていいですか。

齋藤　　掌紋が一致したという結論だけの証拠は、最初の段階で検察から証拠請求されました。

最初の検察官の請求証拠の中に入っていたということですね。そこで初めて、掌紋の鑑定がまず一致したとわかったわけですか。それは鑑定書だったのですか。

齋藤　　結論のみの対照結果表みたいなものです。報告書ですね。鑑定書は、まだ作っていないと言われたように思います。
高橋　　争うことになって初めて作ると検察官から言われました。

専門家に相談した経緯

遺留指掌紋のいくつかが被疑者の指掌紋と一致したという、その表だけ作るというパターンですね。その段階で、弁護方針の中で指掌紋の扱いについてどう考えたのですか。

齋藤　　とにかく本人は身に覚えがないということなので、本当に掌紋が一致しているのかということを最初考えました。専門家の齋藤保先生（齋藤鑑識証明研究所、元栃木県警鑑識課）に相談したのは、たぶん起訴から2カ月くらい経過してからのことでした。

どのタイミングで専門家にコンタクトを取るかということですが、ある程度怪しい鑑定書が出てきたから、ちょっとセカンドオピニオン的にお

願いするという感じの状態だったのでしょうか。

齋藤　いや、そうではないですね。これは絶対崩さなきゃいけなということです。ただ、このような弁護士方針を思い切って実行できたのは、仙台弁護士会には刑事弁護基金という制度があるからです。なかったら絶対できないと思います。
　　　基金で負担してもらえる費用は、無制限ではないと思いますが明確には決まっていないようです。申請はたぶん、年に10件もないのではないでしょうか。大半は精神鑑定と聞いています。

どうやって専門家にコンタクトを取るかというのは、特に経験がない若手弁護士には結構迷いどころだと思うんですけど、そこはどうしたのでしょうか。

齋藤　私が修習で仲良くしていた東京の弁護士に相談しました。そうしたら2人ぐらい鑑定人の候補を紹介されました。1人は東京の人で、その方に頼んだら、ちょっと厳しいということで断られました。

どの点が「厳しい」ということでしたか。

齋藤　掌紋が一致しているという時点で、「厳しい」ということでした。あともう1人の鑑定人候補が、齋藤保先生だったのです。齋藤保先生に相談したら「まあ、まずはいろんな切り口があるから調べてみようか」っていうことになりました。

高橋　本当に一致しているかどうかについても、転写の仕方がちゃんとしているかなどいろいろポイントがあるから、そういうところも含めて調べなければ分からないと言われました。

齋藤　当初は、一致しているかどうかの鑑定ということで依頼しました。ただそれだけではなく、掌紋の向きについての調査もやっ

てくださったので、とてもありがたかったです。

そもそも、掌紋の向きが違うかどうかを調べなければという発想自体が、弁護人では簡単に浮かばないかなと思いました。

齋藤　そうですよね。

当事者鑑定の進め方

齋藤保先生から支援が得られるという状態になってから、どのように当事者鑑定を進めたのか、それをどのようにして公判前の中で、あるいは期日外で検察官や裁判所に出していったのかを教えてもらえますか。

齋藤　まずその前提として、起訴から4カ月半ほど経過した第3回公判前整理手続で、裁判所による鑑定の請求をしたんです。それで、鑑定採否の結論自体は留保とされていましたが、結果的には最後まで実施されませんでした。

その裁判員法50条の鑑定を請求する時点では、齋藤保先生から、どうもこれは怪しいよという、ちょっと明るい見通しをもらっていたというわけでもなかったのですか。

齋藤　はい、まだですね。裁判所による鑑定を求めるに至った背景には、起訴から3カ月ほど経過した時期、公判前整理手続が2回終わり仙台拘置支所に移送されたところで接見禁止が付いて、本人の掌紋を採取するのにもひと苦労があったということがあります。

それは異例ですね。当初、接見禁止が付いてなかったのがこのタイミングで禁止になった。

齋藤　そうなんです。

それで、齋藤保先生にしっかりした鑑定を検討してもらったのは、どのくらいの時期ですか。

齋藤　起訴から半年ほど経ってからですね。本人の掌紋を絶対取らないといけないので、その頃に一度接見禁止の一部解除申請をして認められて、30分だけ接見できました。

齋藤保先生に本人に会ってもらうことの意味は、大きかったですか。

齋藤　掌紋の採取のやり方は技術的な問題があって、齋藤保先生ご自身でないと正確に実施はできないです。意味は大きかったですね。

掌紋採取を正しく、けちをつけられないやり方でやるためには、どうやったんですか。身柄を取られている状態で。

齋藤　採取用紙を差し入れてやりました。

転写シートですね。

高橋　接見前に転写シートを差し入れてもらって、接見禁止が30分だけ解除されたので、その間に齋藤保先生に接見室に行ってもらい、先生が身振り手振りで説明しながら、Xさん本人に転写シートで採取してもらいました。

齋藤　その場でやってもらって、あとは託すだけですね。

なるほど。それでは、現場のほうの遺留掌紋はどういう形の資料を手に入れたんですか。

第9章　インタビュー　掌紋鑑定を活用して公訴取消となった事例

高橋　検察のほうから、その頃にはもう開示されてましたね。ただ、それを私たちが漫然と謄写したのでは、もう専門家の目では駄目だから、齋藤保先生に一緒に検察庁に行ってもらって、写真を謄写しましたね。

シートはぺらぺらしたフィルムみたいなものですが、それ自体も謄写したのですか。

齋藤　齋藤保先生が精度のいいカメラを持参して、撮影距離も踏まえた上で撮影していましたね。

鑑定を正しくやるためにそういう鑑定資料をどうやって作ったり見てもらうかっていうところで、もめたりはしませんでしたか。

高橋　意外と、裁判所はすんなり認めてはくれたんですよね。拘置所のほうとも、特にもめてはいないですね。

現場資料のシートの閲覧などは、検察庁でするわけですよね。そのときに検事ともめたり、誓約書を書けなどという話はありませんでしたか。

齋藤　所定の用紙に所定の事項を記載したのみだったと思います。特に検事から何か言われたことはないです。

そのようにして手に入れた資料をもとに、掌紋が合致したということが本当に正しいのかを、改めて齋藤保先生に検証してもらったわけですね。弁護人としては、実は合致していないのではないかという期待を持ってたのでしょうか。

高橋　はい、期待はしていました。でも、掌紋はどうも合っているら

しいってことになって、がっかりきましたね。やっぱり、それは。

それで、合致するという結果を聞いて、そこで諦めなかったのですよね。

高橋　合致するとなってからも、齋藤保先生のほうからいろいろご提案をいただいたのです。まずは、掌紋がついてから何日間それが残るものなのかという分析をしてみてはどうかと。これは結果的には失敗して、何日の頃か結局分からないということになったんですけど。

齋藤　指掌紋の押圧鑑定もしてもらいました。
　そしてその後に、掌紋の向きの鑑定になった。そもそものきっかけは、検察にあった現場から転写したシートに、指紋とか掌紋だけではなくて、フェンスのひびみたいなものが写っていたことです。それを見た齋藤保先生が、そのひびから復元できる状況を再現したいとご希望になった。そこで、現場の実況見分のときの資料とかも出して、それで再現した状況を確認してみると、この位置だとこのひびが入っていないから、これは掌紋の向きが違うのではないかと、先生がおっしゃるのです。これはもう、先生の一流の仕事だと感じました。

そうすると、すぐに掌紋の向きの問題に気付いたわけではないのですね。いろんな切り口での鑑定をする中で、向きの問題に気づいたということですね。

高橋　齋藤保先生が、あれ、このフェンスの形だと掌紋はこっち向きになるはずだよな、と気づかれたことに助けられました。そして先生が自分の人脈を活用して、現場に残されたフェンスと同じ型のフェンスを探し出してくださったのです。

齋藤　それはもう本当に、齋藤保先生に頼んで良かったと思います。そこまでやってくれる人って、なかなかいないんじゃないでしょ

うか。

高橋　それはもう本当に、私もそう思います。

鑑定結果の活用

鑑定書が出来上がったのはいつ頃ですか。

高橋　色々な実験をしたので、掌紋の向きに関する鑑定書が出来上がったのは、拘置所での掌紋採取から2カ月弱くらい経った時期です。

鑑定書は、掌紋の向きのことだけに特化したものを作ってもらったということでしょうか。

高橋　そうですね。

資料を含めてどれくらいのボリュームだったのですか。

高橋　11頁ですね。そんなに多いというわけでもなかったですね。

その後実際の流れとしては、鑑定書完成から4カ月弱ぐらいで公訴取消にまで至っているようですが、そのあたりの経緯を教えてもらえますか。

高橋　鑑定書の扱いについては、すぐに出すと証拠つぶしのおそれもあるんじゃないかというのは直感的に思ったので、これも齋藤保先生にご相談して、まず検察のほうにきちんと検察の主張を出させて、それからにしたほうがいいということになりました。すぐに出すと、検察側に逆向きに付いたとか言われるかもしれないというあたりを危惧したのです。

つまり、まずは検察側に対し求釈明をしたということですね。

高橋　はい。検察側は掌紋について、西から東への逃走中に付着とだけ言って、どっち向きに付いたかは言ってこなかったので。ただ検察側は、フェンスの形状と当時の被告人の手首の傷の形状が合っているなどと、的外れに思える反論ばかりしてきている点で、かなり苦しくなってきているのかなと思うところはありましたね。

そのように的外れの検察官の主張をそれで固めれば、こちら側が勝てるだろうと考えたということですね。

高橋　ただ裁判所は、何やってるか分からなかったと思いますね。

そうでしょうね。では、いよいよどの段階で、裁判所にはネタばらしをしたのでしょうか。

高橋　求釈明ができた時点で、弁護側の鑑定書を出してもよかったんですが、検察側が言う手首の傷などの点があったので、そこについて反論してからのほうがいいだろうということになりました。この点についても、齋藤保先生に意見書をお願いしていますね。意見書の内容は、フェンスの形状と被告人の傷の形状は全く異なるという内容でした。それができた段階で、掌紋のつき方についての鑑定書の証拠請求をしました。

この辺りでの弁護人の見通しとしては、当然、公判にはなるだろうという感じだったのですか。

高橋　そうですね。もう公判の日程の予約もしていたと思います。そのときはまさか、公訴取り消しにはなるとは思っていませんでした。

一応、しかるべき求釈明をした上で、鑑定書を証拠請求したときの裁判所と検察庁のリアクションはどうでしたか。

高橋　裁判所はよく分かっていなかったようです。検察のほうが鑑定書請求の1週間後に開かれた公判前整理期日で、ほぼ開口一番だったと思いますけど、「すみませんがこちらのほうで検討をします。今後の進行について検討しますので、2カ月間時間をください」と言ってきました。いかにも何かありそうな終わり方でした。

それはやはり、今振り返って弁護人から見ても、齋藤保先生の掌紋の向きに関する鑑定書は、かなり説得力のあるものだったということでしょうか。

高橋　そうですね。説得力あったと思いますよ。
齋藤　証拠構造上、それがないと有罪取れないなっていうところを否定するわけですから。

掌紋の向きが逆だというのが、どうして決め手になるのか、もうすこし教えてもらっていいですか。

高橋　検察官は、逃走経路にフェンスがあって、逃走中に掌紋が付いたという主張なのですが、そうであれば、フェンス自体がかなりの高さがあるので、逃走する方向に指先が向く方向に掌紋がついていないと、明らかにおかしいということなのですね。その逆向きにフェンスを触るというのは、もっと低いフェンスだったらありうるかもしれませんが。
齋藤　逃走の途中では、逆向きには付かないでしょうね。

そうすると、このフェンスの問題でわかるのは、そもそも別に犯人がフェンス乗り越えて逃げたという事実自体がないということになりますね。

高橋　そうですね。その事実自体に疑問があると。実はもう1点、現場とこのフェンスの間にもう一つフェンスがあるのですが、そこには何の跡も付いてないんですよね。それはあまり大きくは主張しなかったと思いますけれど。

しかし、そうすると検察官が、フェンス乗り越えて逃げてったという誤った物語を描いてしまったのはどうしてだったのでしょうか。

高橋　掌紋が一致したという結果に、過度に引きずられたということに尽きると思います。

なるほど。被害者が何かそういうことを言っていたわけでもないのですか。

高橋　ないですね。被害者の供述は類似供述ですし、しかも極めて曖昧でした。本人の特徴と異なるような特徴を言ったりしていて、被害者の証人尋問すら申請されるかどうかわからない状況にあったぐらいでした。かなり曖昧だということで。

じゃあ、検察がもうとにかく手当たり次第その辺調べて、一致するものが出てきたから、それで行っちゃった、掌紋がほとんど唯一の決め手だったってことですね。

高橋　そうだと思いますね。当時のマスコミの報道だと検察はいろいろと言い訳してたようですが、間違いなくこれが決め手だと思います。だから弁護人としては、無実を確信していました。

公訴取消へ

それでいよいよ公訴取消しとなるわけですが、これは突然、検察庁から連絡があったのですか。

高橋　そうです。公判部長から私に電話がかかってきたんです、公訴取り消しますと。公訴取消書っていうのも、次席検事の名前で出てます。

どういう理由で取り消すのかとか、聞けるものなのですか。

高橋　証拠関係を再検討した結果、公判が維持困難になった、という理由でした。

ちなみに、検察庁側から期日外で齋藤保先生のほうに、何かコンタクト取るとかいうことはあったのでしょうか。

高橋　それはなかったと思いますね。公判やるとなってれば、もしかしたらあったかもしれませんが。

身体拘束はずっとそのときまで続いている状態ですか。

高橋　いや、公訴取消の1カ月前くらいに保釈されています。保釈があっさり認められたのですが、これは検察官が反対しなかったんだと思います。

じゃあもうその辺りから、検察庁はおかしいことに気づき始めていたのでしょうかね。

高橋　そうですね。

なるほど。公訴取消を受けて齋藤保先生やＸさんはどんなことをおっしゃってましたか。

高橋　齋藤保先生の方にも、マスコミの取材が行ったのです。そこで、いい加減な捜査としか言いようがないという話をしてられたと思いますね。Ｘさんはもう、精神的にもかなり追い詰められていた状態ではあったんですけど、ようやく１、２カ月ぐらいして、少し良くなってきたってとこですかね。

弁護人としての感想はいかがでしょうか。

高橋　最初から起訴すべきじゃなかったと思います。もうそれに尽きます。

公判で無罪主張をもちろんして、そうなるはずだっていう確信があった中で、公訴取消という、ややイレギュラーな終わり方になったことに対してはどうですか。

高橋　本人が早期に解放されたのが、なによりも良かったと思います。
齋藤　そうですね。私も同感です。

おわりに

この事件を踏まえて、鑑定について、特に若手弁護士に向けて、アドバイスをお願いします。

高橋　今回は齋藤保先生におんぶに抱っこだったので、偉そうなことは言えませんけれども、やはり諦めずにいろんな視点から見て

いくということが大事なんだろうと思いますね。そしてこのことは、基本的に刑事事件に限った話ではないんだと思います。民事の、例えば物損交通事故で車の痕跡を見るというのでも、同じことです。専門家の方がいつも、今回の齋藤保先生ほどいろいろやってくださるかは、ちょっと分からないですけれど、いろんな観点を持ってやってトライしてみるということが大事かなというふうには思いますね。

　それから、裁判所はかなり、迅速な進行などと圧力をかけてくるところもありますし、こちらの証拠請求にはかなり消極的なところもあるのですが、やはり言うべきことをきちんと言っていかなければならないというのはあると思いますね。この辺、裁判官によってもだいぶ違ってくるところではあるんですけど。

齋藤　今回は、仙台弁護士会で独自の基金があったことのありがたみを実感しました。犯人性を争っていて、最重要な証拠があって、この証拠をつぶしていかなくちゃいけないというときに、弁護人側で独自に行う調査の費用を負担してくれる仙台弁護士会の基金のような制度があると弁護活動がやりやすいです。そのような制度が、他のいろいろな地域でも使えるようになればいいなと思います。

今回のように、すごくうまくいって無実が明らかになったけれども、弁護人側で鑑定やってなければ絶対に明らかにならなかったというようなことになれば、そのような制度が弁護士会としても必要だよねっていう空気になりますね。

高橋　そうです。そう思いますね。

先ほど、裁判所からの圧力の話がありましたが、若手の弁護士の中には、裁判所からのそのような圧力を受ける中で、そもそも自分がやっても意味ないかもなと思ったり、面倒だなと思ったり、専門家の伝手もないな

と思ったりして、諦めちゃう人も多いかもしれません。

齋藤　私も様々なプレッシャーは感じていましたが，横で主任の高橋先生が毅然とした素晴らしい対応をしていましたから、諦めないですみました。この事件で公訴取消しになったのは、齋藤保先生が証拠から事実をきちんと復元してくれて掌紋の向きの違いという事実を明らかにしたこともありますが、最善のタイミングで証拠を出せたことも大きかったと思います。そこに至るまで様々なプレッシャーに耐えて、最善のタイミングを生み出したのは、やっぱり高橋先生の毅然とした対応だったと思います。

この事件で一番厳しかったタイミングとうれしかったタイミングってどのときですか。

高橋　そうですね。やっぱり厳しかったのは齋藤保先生に掌紋が一致するって言われたときですかね。やっぱりそうですね。
　　　うれしかったのはどうだろう。鑑定結果が出てきたときか、公訴取消しのときかっていうのは微妙なところですけど。何となく公訴取消しのときは、ああそうだろうなっていうところもあったので、鑑定結果が出てきたときですかね。

齋藤　私が厳しかったのは、やはり掌紋が全部一致したっていう時で、どう闘えばいいのか分からなくなったところですね。
　　　うれしかったのは、私は公訴取消しで公訴棄却が出て、取りあえずこの件はこれで終わりなんだなって思ったときですかね。

科学的客観的証拠が重いものであればこそ、掌紋が一致すると言われた時には厳しかったでしょうね。でも、そういう証拠に対しても科学的客観的にチャレンジするというのもまた、良くも悪くも醍醐味ですよね。ありがとうございました。

第10章

インタビュー　燃焼再現実験を活用して再審無罪となった事例(東住吉事件)

塩野隆史弁護士(大阪弁護士会)

事案の概要

　東住吉事件とは、1995年7月、大阪市東住吉区において民家で火災が発生し、入浴中の女児(当時小学生)が死亡した事案につき、同女の母親(以下「X」)及び、当時のXの内縁の夫(以下「Y」)が、生命保険金詐取のために自宅に放火したと疑われ、現住建造物等放火、殺人の罪及び詐欺未遂罪で起訴された事件である。

　火災現場は鍵のかけられた土間兼ガレージであり、本件の主たる争点はそもそも放火による火災であるのか、何らかの事故によって発生した自然発火であるのかという点である。Yは、捜査段階で詳細な自白をしていた。

　公判では、XおよびYはいずれも無罪を主張して審理されたが(分離公判)、第一審はXおよびYを有罪として無期懲役の判決を言い渡した。弁護人は控訴したものの控訴は棄却され、その後の上告も棄却され、2006年にXおよびYに対する有罪判決(無期懲役)が確定した。

　しかしその後、弁護側が行った精密な再現実験によれば、Yの「詳細」な自白は信用できない、として2012年3月、大阪地方裁判所が両名について再審開始の決定を行った。そして再審開始決定に対して検察官が即時抗告したものの棄却され、再審が開始されることとなった。再審公判では検察官も積極的な有罪の主張立証をせず、2016年8月、XおよびYに対して無罪の判決が言い渡され、即日、確定した。

> 本稿は、X弁護団の一人であった塩野隆史弁護士にインタビューを行った記録を書き起こしたものである。

確定審の証拠構造

まず基本的なところですが、確定審の証拠構造について、簡単に説明をいただけますでしょうか。

塩野　それでは、Xさんの確定した一審判決をご説明します。なお私はXさんの弁護人ですけれども、今日は、Y弁護団が行った活動を含めて、XさんとYさんの確定審の段階から再審までの弁護活動としてお話しすることとします。

　証拠構造ですが、一審判決の主要な根拠は大きく分けて2つあります。まず一つは自白です。Xさんの自白というものもいくつかはありますが、直接的な、あるいは中心になる証拠はYさんの自白ということになります。もう一つは、自然発火や事故の可能性がない、もしくは極めて低いということです。これは誰かによって放火がなされないと火事が起こる可能性がないことを示すという意味で、重要な間接事実に位置づけられると思います。要するに事件について詳細かつたくさんのYさんの自白と、自然発火および事故の可能性がないという、この2つでXさんとYさんは有罪になった。極めてラフですが、確定一審の骨子となる証拠構造はそういうことです。

　一審判決の構造でさらに特徴的なのは、犯行事実、放火殺人の共謀の認定に際して、Yさんの自白に加えて問題のある間接事実の整理をして、XさんやYさんが怪しいといっている点です。たとえば、本件火災発生当時、他の者が家に入った形跡がないと。これ当たり前の話でそのような可能性はないんです。ほかにも、Yさんが「助けたって」（逃げ遅れた者がいるから助け

てやってほしい、という意味)とか言ったけれども、そのときまでは逃げ遅れてる者がいると発言してないとか、Xさんは息子と裏側に逃げたとか。全部挙げませんが、いわば当たり前のことと言ったらおかしいんですけど、必ずしも犯罪事実を推認させるものではない争いのない事実を、わざわざいちいち取り上げてこれらだけでも怪しいみたいなことを言ってるんです。これは結論ありきの判決と言わざるを得ません。自白の問題をさておいて、このようないわば関係のない事実を挙げて有罪を導き出す一審判決の論証の仕方は、極めて問題だと思っています。

ただ、本丸は客観的な自然発火の可能性が本当になかったのか、そしてこのYさんの自白が本当に信用できるのか、あるいはいわゆる任意性はあるのか。そこがポイントです。

検察側の実験

検察側も、燃焼実験的なものを鑑定として出しているんですよね、最初から。そこについては自然発火や事故の可能性とYさんの自白の信用性の両方に掛かってくるというふうな理解でよろしいでしょうか。

塩野　検察側の実験というのは、2回やってまして、まず捜査段階で1回やっています。要するに「ガソリンまきました、火をつけました、燃えました」と、これだけなんですよ。当たり前の話です。控訴審でも同じようなことで、「家造りました、ガソリンまきました、火つけました、ものすごい燃えました」と、これだけの話です。つまり、検察側の燃焼実験は実際のところは、火をつけたら燃えるというごく当たり前のことを示したにすぎないにもかかわらず、Yさんの放火を基礎づける根拠とされたということです。

むしろYさんの自白の信用性を担保する証拠として提出されていたわけ

ですね。

塩野　そうです。しかし、この点に大きな問題があります。少し考えてみてください。仮に7リットルものガソリンをまいて火をつけた場合、火をつけたYさんは無傷ですんだでしょうか。仮に実験どおりの状況で火をつければ、爆発的に燃えることは明らかです。捜査機関は、Yさんの自白を元に行われた燃焼実験は本件の火災の状況と一致しないことに思いをいたして、むしろYさんの自白の信用性に疑問があるだろうという視点を持つべきでしたよね。火をつければ爆発的に燃えるというのは常識的に分かるので、本当につけられたのかっていう命題は本来的には警察、検察はもうちょっと考えるべきでした。それをしてない。しかも実際に、彼らは自分らで火をつけるんじゃなくて、火のついた布きれか何かをぽんと投げ入れたりしているわけです。そこからしてもガソリンをまいて火をつけるなんてことができないことは明らかなんです。

自然発火や事故の可能性については、検察側はどのような立証をしていたのですか。

塩野　車の製造会社からの聞き取りで、ガソリンが漏れることはあり得ないとか、ガスの種火がついてたんだけども、そこにすすはないから、そこから引火したことはないとか、そういう聴き取りだったり実況見分だったりを出してきていました。これが結構大きかったですよね。放火か事故しかないですから。事故だとすると発火源が特定できないし、ガソリンが漏れたということは考えにくいと車の製造会社が言ってる。しかもガソリンのキャップもそれなりに閉まってたということで、じゃあこれは放火しかないよねという発想です。

弁護側再現実験の必要性

弁護側で再現実験を実際やってみようと考えたきっかけや必要だと感じた理由をお聞かせいただけますか。

塩野　最初からこれは再現実験しないといけない、したいと思っていました。警察、検察がやった実験というのは、今言ったようにガソリンをまいて火をつけたというだけの話で、精密な再現を行ったとは到底いえないのです。ですからもうちょっと再現性を高くして、少なくともガソリン7リットルをまき、実際に直接火をつけたいと思っていました。
　ただし、火をつけるまでもなく、ガソリンをまくだけで危ないと、石油化学会社に勤めている私の友人がいうのです。彼は、石油化学の専門家ですので、理論的なことは聞けるのですが、火をつけるなどとんでもない、というのです。
　やむを得ず技術士の人とかあるいは、これも私の友人ですが、京大の石油化学の研究者などに聞いてまわりました。でも、理論的にはいろいろしゃべってくれるんですけど、ガソリンまくという話になると無理ですという。検察側は国ですから、科学捜査研究所とか公立の消防学校とか使えますよね。ところが、われわれは実験用の施設をもっていない。だから、やむをえず、実験は実施せずに、必然的に理論的にいくことになるわけです。

専門家の意見として提出したわけですね。

塩野　そう。ただ、弁護人独自で可能な範囲の別の実験もしてます。ガソリンに見立てて水まいたりしてるんですよ。この事件の現場のガレージは、少し斜めにスロープになって、微妙に傾いてるわけです。しかもガソリンっていうのは水よりもいわゆる表面張力、粘度とも言うんですけど、これが低くてさらさら流れ

るんですね。だから傾斜のある床にまけば流れちゃうんですよ。Yさんは、ガソリンをまいたらそれがじわじわと広がりましたと、自白をしているわけですけれども、実験を踏まえるとそんなふうにはならない、と考えた。そこで、7リットルの水に、洗剤を入れると表面張力がぐっと下がるっていうんで洗剤を少し入れて混ぜて、弁護士会の地下とかで何度もまいたんです。

　そうすると、とても彼が言うようにじわじわと広がりましたなんてことにならず、流れ去るのですよ。そのような状況を全部写真を撮って出してるんです。このような実験や実験結果の提出を何回もやりました。

　弁護士会の地下に水まくのにも許可要るんですよ。私の知り合いが当時、副会長で水まく許可を頂きました。塩野さん一体何するのですか？といわれ、これこれこうで水をまくだけだからといって許可をいただきました。「ガソリンは撒かんといてや」と言われました(笑)。

控訴審までの意見書、鑑定書について、裁判所はどういう反応だったのでしょうか。

塩野　　一審の段階では、技術士という資格を有する方たちの自動車工学的観点から、自然発火があり得ますよっていうのを出したんだけど、抽象的にはあり得るけど可能性は高くないというので一蹴されました。

　　　二審では、京大の先生にお願いした、先ほどご説明したような内容の意見書をだしました。すると向こうから反論が来るので、その反論に対してこちらから反論するという感じで専門家の意見書合戦がありましたね。

　　　最終的には、裁判所の正式鑑定が採用され、京大工学部は桂っていう所にあるんですけど、そこまで出張尋問しました。これはYさんの証拠調べとして行ったわけですけど、Xさんのほう

にもその結果を援用したんですね。
　ただ、結果としては、結論的に弁護側の専門家の言ってることはもっともなんだけど、一部事実と合わないとか難癖をつけられた。しかもガソリンをまいた時間との関係がよく分からないのでYさんの自白を覆すには足りないと。Yさんの自白もあり得ないわけじゃないと。弁護側の専門家がうそついてるとは言わんけども、かといってY自白による放火が不可能と断定するまでには至らないという式の判決でした。この判決も全く不合理です。
　結局一審も二審も専門家のおっしゃることも分かるけども、かと言ってYさんの自白がそれだけで信用性がないとは言えない、不可能とまでは言えない、うそとまで言えないという論法で、これは本当に実験をやるしかないねというんで、小山町という所でようやく再現性の高い実験をやったんです。

小山町という実験場所はどうやって見つけたんでしょうか。

塩野　小山町というのが、テレビ番組の撮影なんかをしてる所なんです。テレビ朝日の方が、この事件に興味を持ってくれていたんです。それで、テレ朝がやろうって言ってくれて、実験場所を探してくれて、小山町での実験にこぎつけたんです。これを、私たちは「旧小山町実験」って呼んでいます（以下、「旧実験」）。

専門家の探し方

専門家や協力者の検索はどういう方法でやったんでしょうか。

塩野　日本には専門家センターみたいなものはありませんので、とにかくいろいろと専門的なことを調査しました。石油会社の知り合いや、高校のときの友人、あるいは別の同僚の弁護士の知り

合い、技術士仲間とか、このように手さぐりで広げていったというのが実態です。技術士の人は弁護団の人が知ってた、京大の石油化学は私の友人、燃焼学の伊藤昭彦・弘前大学教授もいろんな所で鑑定してくれていたんですよね。そんなこんなで手さぐりで専門家とのパイプを広げていきました。協力してくださる先生に無理をお願いしたということです。最終的にはそれに加え再審即時抗告審で自動車工学の石濱正男先生にたどり着くんですが、これは毎日放送がインタビューした人でした。この人しかないと言って鑑定をお願いして鑑定書を作成してもらったんですけどね。もうずっとそんな感じですよ。

弁護士以外の人は何人ぐらい関わっているんですか。

塩野　大学院生まで入れると人数も増えますが、教授、准教授クラスや技術士などに限っても、各分野でそれぞれ2、3人います。石油化学、燃焼学、自動車工学、心理学など2〜3人かける4〜5分野で、総計10〜15人ぐらいですかね。

テレビ局とは、Yさんの弁護人がインタビューなどを受けてつながったのですか。

塩野　一番最初は何でつながったかよく存じ上げないけど、いろいろ報道があってテレ朝の「ザ・スクープSPECIAL」のプロデューサーが興味を示してくれました。そして、「ザ・スクープ」で実際に1時間程度の番組になったんですね。

上告審段階での旧小山町実験

それで上告審段階での旧実験の内容はどのようなものだったんでしょうか。

塩野 小屋を建てて、ガソリンをまいて、Yさんに模したマネキンを小屋の中に置いて火をつけます。すると、すぐにマネキンに火がついて、やけどするんだっていう実験をしたんですよ。これは上告審の段階でやりました。

　もう少し具体的に言うと、ガソリンを7リットルまきました。まずこのガソリンが流れ去ってしまうわけですね。Yさんの自白は、車両にじわじわとはみ出してますという自白なんですよ。まずこれを再現しました。

　それで今度は、粘土を使って土手を作り、ガソリンを貯めた状態にして、あえてYさんの自白にあうようにして火をつけました。実際は、ガレージにはお風呂のガス釜があったんですが、この時はそれは設置されませんでした。そして、マネキンを置いて火をつけました。2秒か3秒で、すぐにマネキンに火がつき、やけどします。こういう実験です。

　上告審で、事実誤認で職権破棄を狙って実験結果を出したんですが、一顧だにされなかったですね。

　余談になるかもしれませんが、故・滝井繁男先生が当時の第三小法廷の裁判長だったんです。彼はこの事件はやっぱり無罪というか冤罪の可能性が高いということで、少数意見を書いていたようなんです。ほかの裁判官を説得していたようなんですが耳を貸さない。そうしているうちに退官になり、残り4人の全員一致で上告棄却になったようです。彼の遺品の中に24頁の少数意見の原稿があったことが先日報道されていました。「当審では」などと書いてあるので、少数意見の原稿のようです。

旧実験について、最高裁の段階では裁判所からの反応はなかったということですね。

塩野 滝井先生だけは注目してくれたのでしょう。しかし他の裁判官からは何もなかったですね。

再審請求段階での実験

次の再審請求段階で、また新たな実験をしたということですね。

塩野　旧実験以外にも、燃焼学の伊藤先生が煙突効果について鑑定書に記載してくださっていたんです。煙突効果というのは、風呂釜って火がついていれば気流が上がり、その辺りの空気を吸うんです。そうするとガソリン蒸気って重いからビューッと引っ張られていって、種火から離れていても火がつくんですよ。煙突効果のようなものさえあれば、種火から離れていても引火するという鑑定書を伊藤先生は上告審で書いてくださいました。これは、かなり重要な鑑定なんです。

　　上告審で出していた鑑定書も確定審では調べられていないので、新証拠となりますから、再審請求でも証拠請求しました。

再審請求には伊藤先生の鑑定書を出すだけという話になったのでしょうか。

塩野　われわれも、鑑定書だけで再審請求が認められるかどうかを議論しました。最高裁の裁判官はみんな事実上、鑑定書を見てるわけです。理屈上は新証拠でも、再審請求審の新しい裁判官が新証拠だと（実質的に）言ってくれるかという疑問もあって、私はやっぱり旧実験にも課題が残っているのではないかと思いました。

検察官の再現した現場にも問題があったんですよね。

塩野　そうです。実際の現場はコンクリートなんです。ところが警察・検察が作った現場は石膏なんです。吸収性が全然違いますよね。それから勾配の有無も違いました。現場に勾配はあったんで

す。でも警察・検察の作った現場には勾配がなかったんですよ。しかも風呂釜の種火も実際はあったにもかかわらず、警察・検察が作った現場にはありませんでした。それらを詰めていくと、再現性はゼロですよね。

弁護団の旧実験はどうでしたか。

塩野　旧実験ですが、勾配は確かについており、コンクリートの上で実験をしました。しかし、実験現場に種火はありませんでした。また、ガソリンも粘土で囲っていました。

　判決を誤りとするには、ほぼ完全に近い再現実験をするしかないということになりました。コンクリートを使い、勾配をつけてかつ種火をつけた新再現実験を行う目的で新小山町実験が構想されたのです。

　私がそれをやるしかないと言った際には、同様の状況下での実験は、旧実験で何回も行っているし、伊藤先生の鑑定を見れば煙突効果も書いてあり、引火も書いてあるので、もう実験をしなくても良いのではないかという意見もありました。また、実験には、時間も費用もかかります。しかし、「これで勝てるのでしょうか、最高裁が一顧だにしない『新証拠』で勝てるんでしょうか、勝てる自信があるのであれば私は何も言いません」と議論を繰り返しました。そうしたら、森下弘弁護士などが賛同してくれ、新小山町実験(以下、「新実験」)を行いましょうということなり、実験をしたのです。

　問題は費用がないことでした。しかし、当時はだんだんと弁護団の人数が増えてきていて、X側に5人ぐらい、Y側も5人ぐらいで、あわせて10人ぐらいで実働している状況でした。ですので、1人50万出したら500万になり、500万で基金を作れば、新実験はできるのではないですかと申し上げました。

旧実験は自白のおかしさという部分を重視した、他方で新実験は、実際にこのような経過で燃えたということを積極的に再現したということなのでしょうか。

塩野　伊藤先生の鑑定をみて、私は煙突効果で、ガソリンをまき切る前に火がつくと考えました。火をつけたら、やけどをするから火はつけられないということは口が酸っぱくなるほど言っていましたが、この角度からの問題意識は希薄でした。裁判所は、火のつけ方によってはつけられるのではないかということで、一種の水かけ論をしていたのです。

　　しかし、風呂釜に裸火があって、傾斜のある場所でガソリンを7リットルまいたらどうなるでしょうか。伊藤先生のいう煙突効果を踏まえると、単に火がつくというだけでなく、Yさんがまききるまでに火がついてしまうのではないか。あるいはガソリンが流れ出るということであっても同様です。そう考えると、現実にはYさんは絶対つけられないですよね。そうして、その方向でいこうとなりました。

実際に新実験はどのようにして行われたのですか。

塩野　2つ模擬家屋を作り、Yさんが所有していた車と同種の軽自動車「アクティ」を入れて、寸法どおりにガレージを作りました。家は作れなかったのですが、ガレージは完璧に再現しました。
　　弘前大学の大学院生にも手伝ってもらいました。7リットルのガソリンを早くまけば36秒、ゆっくりまいて60秒かかりました。
　　あらゆる角度からビデオで撮影して、スタート時からぐーっとガソリンをまいていくと、20秒程度でがっと火がつくのです。

点火しなくても散布するだけで火がついちゃうということですよね。

第10章　インタビュー　燃焼再現実験を活用して再審無罪となった事例（東住吉事件）　217

図版 10-1　新小山町実験の様子

写真 A

写真 B

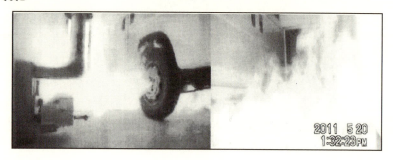

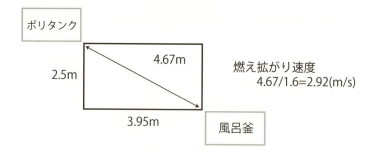

写真 A が実験開始 21.4 秒後、写真 B が同 22.4 秒後（着火してから 1.6 秒後）。火が一気に爆発的に燃え広がったのがわかる。

弁護側「新小山町実験」と後述検察側実験の様子は、YouTube で見ることができる (KyodoNews「検察側、新たな燃焼実験　大阪の放火殺人再審」YouTube2013 年 7 月 9 日公開〈https://youtu.be/igrDtwY-w-w〉)。

塩野　そうです、おっしゃる通りです。実験を 2 回やって 2 回ともつきました。

　　　ゆっくりまくのと早くまくのとで結果が違うかなと思って、念のため 2 棟作りました。最初 36 秒でガソリンをまいて 20 秒で火がつきました。この結果を受けて、X 実験は 1 回でいいのではないかという声もあったのですが、やはり 2 回はやらないといけないだろうと言うことで、2 回実験をしました。2 回とも同じくらいの秒数でつきましたね。感覚でいうと、約 1 メートル程度離れていても、火はつきます。

想像がつかないですね。

塩野　つかないですよね。ビデオを見てもらえばびっくりしますよ。ガソリンは通常は液体でしょ。蒸気がどんどん発生するのです。蒸気は当然気体なので、風呂釜に引っ張られるわけです。煙突効果で吸われるのです。煙突なかったら火はつかないですよ。煙突があるからつくのです。そして、そこに火があるからつくわけです。

　　　火は一気に爆発的に燃えます。ですので、目撃者証言と違うのです。目撃者はちょろちょろという火が、消火器で消してもまたちょろちょろと燃えてきたと言っています。これは、どういうことなのかと疑問を抱きます。燃え方が全然違うので。

　　　一審二審の確定審の鑑定書や意見書が、ことごとく否定されたので、結果としてここまでしなければいけなかったというだけであって、当初は、さすがにここまでしなければいけないと私達も思っていませんでした。普通は、最初からこれほどまでのことを自分達で相当の費用を出してまでやるという発想がないですよね。無料でできるんだったらしますが。

弁護団を実験へと駆り立てたもの

弁護団の気持ちを動かしたものは何なのでしょうか。

塩野　それはやはり、これは無罪でしょうという思いです。また、裁判所からの、あり得ないわけじゃない程度の理由づけが、とてもおかしいと感じたからです。もちろん結論もおかしいと思いました。もう少し説得的な理由があれば仕方がないかとも思うかもしれませんが、そういうこともない。科学者もこのような非合理的な判決はないと言ったので、こちらも引き下がれないですよね。科学者がおかしいと言うのに弁護士が仕方がないと言えない(笑)。

裁判所に鑑定請求しようとは思われなかったのですか。

塩野　二審で鑑定してほしい、もっと再現性が高くなるような状態での実験を行ってほしいと言ったのですけれども、却下されました。Xさんは、私が着火して重体になってもよいから火をつけるとまで言いましたが。

再審段階ではおっしゃったのですか。

塩野　再審段階でも正式な鑑定をしてほしいと言ったのですが、再審なので弁護団のほうで、やるんやったらやりなさいと。その代わり、後でごちゃごちゃと言われないように、再現性を高めるなら高めてもらって、検察側も立ち会って検察側もその条件について意見を述べてもらうようにしてくださいと言われました。それにしたがって、弁護人も調整し、かつ現場状況について後でもめないように、現場のフィルムがあるのであれば証拠開示を求めました。そのような流れで現場のフィルムは、沢山、出

てきました。それはそれで参考になりました。ですので、そういう意味では再審請求の一審の裁判長は、水島和男さん（現在弁護士）という方なのですが、かなり再現実験に積極的だったと評価してよいでしょう。

その後、検察官が微妙に状況を変えて実験したということもあったのですね。

塩野　そうです。即時抗告審での攻防ですよね。証拠もないのに、床がへこんでいたかもしれない、通気口があるので、そこから風が入ったので、火がつかないかもしれないとか、言いたい放題で。それをうけて、グラインダーで床削ったり、なんか通気口をつけてみたりするのですよ。傾斜についても、実はXさんのお父さんが作ったんものなのですが、傾斜は2寸とおっしゃっていました。2寸＝約6センチです。それも本当かどうか分からないというので3センチに緩めてやりました。検察側の小牧実験と呼ばれるものです。7リットルも誤差があるから4リットルでやる、とかね。それで、ここにきて3日にわけて3棟実験をしました。3回とも20秒程度で、長くとも26秒で火がつきました。

　　　　Yさんは警察段階でポリタンクに水を入れてこれぐらいの重さです、というようなことで特定したのです。実はうその自白なので、最初はこれくらいではないかと言ったとき、多すぎてこれではちょっと合わない。警察がもうちょっと少ないのではないかと言って誘導しているんですけれども、結論から言うと水が7キロぐらいのときにこれぐらいですと言っているんですね。ところが、ガソリンの比重は0.75〜0.78なので、ガソリンの「量」として逆算すると10リットル以上のはずなんですよね。

　　　　量が全然違いますね。弁護団で再審請求審になって、検察に言ったのです。7リットルとは違います、10リットルですと言っ

たのです。そうすると、検察は、誤差説は引っ込めて4リットルという主張は引っ込めました。7リットルの主張でいきますということになりました。でも、本当は10リットルなんです。今国賠訴訟をやってるのですが、そこでなぜ検察側が１０リットルを前提にしてないのかも疑問として挙げています。

この本は、若手向けに出版をするわけなのですけれども、何か先輩からのメッセージを最後にお願いします。

塩野　とにかく諦めないことですね。諦めたら終わりです。きちんと物のみられる刑事裁判官は少なくなったと言われていますが、あきらめずにやっていくしかない。ちゃんとした人は必ずいます。ゆっくりその人たちにたどり着くまで汗水垂らしてこつこつとやるしかないでしょうね。私の恩師(法学者)が、「研究者は、moyle(=こつこつと働く)ほかない」と言っておられました。我々実務家も、信念をもって結果が出るまで「あきらめずにこつこつとやる」しかない、これがこの事件を通じて私の到達した結論です。

ありがとうございました。

参考文献

◎科学的証拠全般

- 司法研修所編『科学的証拠とこれを用いた裁判の在り方』(法曹会、2013 年)
  科学的証拠に対する現在の裁判所の見解がまとめられており必読。DNA 型証拠に対する記載も豊富。
- 成瀬剛「科学的証拠の許容性(1)〜(5・完)」法学協会雑誌 130 巻 1 号〜5 号（2013 年）
- 石井一正『刑事実務証拠法〔第 5 版〕』(判例タイムズ社、2011 年)
- 平岡義博『法律家のための科学捜査ガイド－その現状と限界』(法律文化社、2014 年)
- 特集「使おう！科学的証拠」季刊刑事弁護 71 号（2012 年）14 頁

◎法医学

- 髙取健彦監修『NEW エッセンシャル法医学〔第 5 版〕』(医歯薬出版、2012 年)
- 塩野寛＝清水惠子『身近な法医学〔改訂 3 版〕』(南山堂、2008 年)
- 日本弁護士連合会人権擁護委員会『刑事鑑定の手引』（1995 年）
- 捜査実務研究会編著『現場警察官のための死体の取扱い』(立花書房、2008 年)
- 厚生労働省『平成 30 年度版死亡診断書（死体検案書）記入マニュアル』(http://www.mhlw.go.jp/toukei/manual/)
- 澤口彰子ほか『臨床のための法医学〔第 6 版〕』(朝倉書店、2010 年)

◎交通事故（自動車関係）

- 日本弁護士連合会人権擁護委員会編『分析交通事故事件』(日本評論社、1994 年)
  交通事故事件において弁護人に求められる活動について、調査や尋問等、それぞれの場面ごとにまとめられている。
- 髙山俊吉『交通事故事件弁護学入門』(日本評論社、2008 年)
  交通事故事件の鑑定を争う場合に、弁護人が着目すべきポイント等がまとめられている。
- 髙山俊吉＝永井崇志＝赤坂裕志編『挑戦する交通事件弁護』(現代人文社、2016 年)
  近時の交通事故事件における無罪事例等について、担当弁護人が詳細に報告している。
- 上山勝「交通事故解析の工学的解析手法とその適切な活用法」日本弁護士連合会編『現代法律実務の諸問題〔平成 18 年度研修版〕』(第一法規、2007 年)
- 牧野隆編著『捜査官のための交通事故解析〔第 3 版〕』(立花書房、2017 年)
- 山﨑俊一『交通事故解析の基礎と応用』(東京法令出版、2009 年)
- 牧野隆編著『図解交通資料集〔第 4 版〕』(立花書房、2015 年)
  制動距離や摩擦係数の一覧表等、交通事故解析に必要とされる基礎的資料が収録されている。

◎ DNA

- 押田茂實＝岡部保男編著『Q&A 見てわかる DNA 型鑑定』（現代人文社、2010 年）
  DNA 型鑑定に関する基本的事項が Q&A 形式でまとまった文献。付録 DVD に実際の鑑定の様子が収められている。
- John M.Butler（福島弘文ほか訳）『DNA 鑑定とタイピング』（共立出版、2009 年）
  DNA 型鑑定に関する専門的な事項も網羅的にまとめられた文献。
- 勝又義直『最新 DNA 鑑定―その能力と限界』（名古屋大学出版会、2014 年）
- 赤根敦『DNA 鑑定は万能か―その可能性と限界に迫る』（化学同人、2010 年）
- 本田克也「DNA 鑑定はどこまで正当か(1)～(13)」季刊刑事弁護 78 号（2014 年）～ 90 号（2017 年）（同連載をもとにした書籍として、本田克也『DNA 鑑定は魔法の切り札か―科学的鑑定を用いた刑事裁判の在り方』〔現代人文社、2018 年〕）

◎指紋・足跡等

- 齋藤保『弁護人のための指紋鑑定』（現代人文社、2013 年）
  指紋や指紋鑑定の基本的知識がわかりやすく説明されているほか、著者が鑑定を実施した事例の紹介がなされている。
- 三好幹夫「指紋の証明力」大阪刑事実務研究会編著『刑事証拠法の諸問題（下）』（判例タイムズ社、2001 年）666 頁
  指紋鑑定の原理や指紋鑑定が問題になった裁判例が多数紹介されている。
- 三井誠『刑事手続法Ⅲ』（有斐閣、2004 年）185 頁
  足跡鑑定に関する基本的知識や関連する裁判例が紹介されている。
- 中川深雪編『Q&A 実例検証・実況見分・鑑定の実際』（立花書房、2014 年）
  指掌紋鑑定を含めた個人の識別等に関する鑑定手法の概要が紹介されている。

◎薬物・毒物

- 最高裁判所事務総局刑事局監修『薬物事件執務提要〔改訂版〕』（法曹会、2001 年）
  薬物に関する基本的な論考がまとめられた一冊。
- 小森榮『もう一歩踏み込んだ薬物事件の弁護術』（現代人文社、2012 年）
  薬物鑑定の方法や薬物の薬理と病理などについてわかりやすくまとめられている。
- 井上堯子＝田中謙『覚せい剤 Q&A―捜査官のための化学ガイド〔改訂版〕』（東京法令出版、2008 年）
- 「分析機器の手引き」2016 編集委員会編『分析機器の手引き 2016』（日本分析機器工業会、2016 年）
  分析機器について概要及び原理と特徴などが簡潔に記載され装置の図も掲載。
- 津村ゆかり『図解入門よくわかる最新分析化学の基本と仕組み〔第 2 版〕』（秀和システム、2016 年）
- 特集「危険ドラッグの規制と薬物事犯者への処遇・支援」法律のひろば 2015 年 8 月号 4 頁
- 森博美＝山口均『急性中毒ハンドファイル』（医学書院、2011 年）
- 西勝英監修『薬・毒物中毒救急マニュアル〔改訂 7 版〕』（医薬ジャーナル社、2003 年）

謝辞

　本書執筆にあたっては、多くの方の助力をいただいたので、この場を借りて謝意を表したい（ただし言うまでもなく、内容に関する責任は執筆者が負う）。

　まず、内容が専門的な内容であることから、正確を期するべく、多数の専門家の先生方にご協力いただいた。永井恒志先生（法医学鑑定、東海大学）、上山勝先生（交通事故鑑定、NPO法人交通事故解析士認定協会）、本田克也先生（DNA型鑑定、筑波大学）、齋藤保先生（指紋・足跡等鑑定、株式会社齋藤鑑識証明研究所）、牧野由紀子先生（薬物・毒物鑑定、元・関東信越厚生局麻薬取締部）、雨宮正欣先生（当事者鑑定、株式会社法科学研究センター）におかれては、非常にご多忙な中、インタビュー・内容の確認にご協力いただいたこと、多数のご助言を賜ったこと、感謝の念に堪えない。

　また、菅野亮弁護士（千葉県弁護士会）、田岡直博弁護士（香川県弁護士会）、坂根真也弁護士（東京弁護士会）にはすべての原稿を読んでいただき、貴重な助言をいただいた。大橋君平弁護士（東京弁護士会）には編集会議にご出席いただき、多数の助言を頂いた。

　さらに、少しでも難解な表現がなくなるよう、若手弁護士の皆さんにも原稿を読んでいただき、助言をいただいた。

　そして、企画段階から一貫して熱心にサポートしていただいた、現代人文社編集部の北井大輔さんにも、この場を借りて謝意を表したい。

◎執筆者（五十音順）
科学的証拠に関する刑事弁護研究会

久保有希子	（くぼ・ゆきこ）	第二東京弁護士会
中井淳一	（なかい・じゅんいち）	千葉県弁護士会
南川　学	（なんかわ・まなぶ）	千葉県弁護士会
贄田健二郎	（にえだ・けんじろう）	東京弁護士会
布川佳正	（ぬのかわ・よしまさ）	東京弁護士会
前田　領	（まえだ・りょう）	東京弁護士会
虫本良和	（むしもと・よしかず）	千葉県弁護士会
山本　衛	（やまもと・まもる）	東京弁護士会

GENJIN刑事弁護シリーズ24
刑事弁護人のための科学的証拠入門

2018年12月25日　第1版第1刷発行

編　者　科学的証拠に関する刑事弁護研究会
発行人　成澤　壽信
編集人　北井　大輔
発行所　株式会社現代人文社
　　　　160-0004　東京都新宿区四谷2-10八ッ橋ビル7階
　　　　Tel 03-5379-0307　Fax 03-5379-5388
　　　　E-mail henshu@genjin.jp（編集）hanbai@genjin.jp（販売）
　　　　Web www.genjin.jp
発売所　株式会社　大学図書
印刷所　株式会社　平河工業社
装　幀　Malpu Design（清水 良洋＋高橋 奈々）
検印省略　Printed in Japan
ISBN　978-4-87798-706-0 C2032

◎本書の一部あるいは全部を無断で複写・転載・点訳載等をすること、または磁気媒体等に入力することは、法律で認められた場合を除き、著作者および出版社の権利の侵害となりますので、これらの行為をする場合には、あらかじめ小社または著者に承諾を求めてください。

◎乱丁本・落丁本はお取り換えいたします。